劳动创造幸福
——新时代劳动教育课程

主　编◎张庆堂
副主编◎马　青　孙　移　李根芹

南京大学出版社

图书在版编目(CIP)数据

劳动创造幸福：新时代劳动教育课程／张庆堂主编
． -- 南京：南京大学出版社，2022.1(2023.12重印)
ISBN 978 - 7 - 305 - 25113 - 9

Ⅰ.①劳… Ⅱ.①张… Ⅲ.①劳动教育－高等学校－教材 Ⅳ.①G40－015

中国版本图书馆CIP数据核字(2021)第234129号

出版发行	南京大学出版社
社　　址	南京市汉口路22号　　邮　编　210093
书　　名	劳动创造幸福——新时代劳动教育课程 LAODONG CHUANGZAO XINGFU——XINSHIDAI LAODONG JIAOYU KECHENG
主　　编	张庆堂
责任编辑	徐　媛　　编辑热线　(025)83592123
照　　排	南京布克文化发展有限公司
印　　刷	南京新洲印刷有限公司
开　　本	718×1000　1/16　印张　12　字数　280千
版　　次	2022年1月第1版　2023年12月第2次印刷
ISBN	978 - 7 - 305 - 25113 - 9
定　　价	43.80元
网　　址	http://www.njupco.com
官方微博	http://weibo.com/njupco
微信服务号	njuyuexue
销售热线	(025)83594756

＊ 版权所有,侵权必究
＊ 凡购买南大版图书,如有印装质量问题,请与所购
　 图书销售部门联系调换

前言

让劳动根植于教育，用劳动创造幸福生活

2020年3月中共中央、国务院发布《关于全面加强新时代大中小学劳动教育的意见》，明确提出：一、充分认识新时代培养社会主义建设者和接班人对加强劳动教育的新要求，二、全面构建体现时代特征的劳动教育体系，三、广泛开展劳动教育实践活动，四、着力提升劳动教育支撑保障能力，五、切实加强劳动教育的组织实施。2020年7月教育部在《大中小学劳动教育指导纲要（试行）》中明确规定大中小学开设劳动教育必修课。由此可以看出，全社会已经形成共识：劳动教育是人才培养的必要环节，劳动教育是中国特色社会主义教育制度的重要内容，党和政府已经从国家层面作出了新时代劳动教育的具体要求和部署。

回顾人类进化历史，从茹毛饮血到当代文明，是劳动推动了人类文明的发展进程，人类历史上一切文明成果，都是劳动创造的。个体生存所需的物质财富与精神财富需要靠个人劳动创造；国家繁荣昌盛更是依赖于全体人民共同劳动尤其是工匠们的创造性劳动。当前，我国正在从制造大国向制造强国转变，就更需要每一位公民用自己的辛勤劳动助力中华民族伟大复兴的中国梦早日实现。而要让全社会正确认识劳动的价值和意义，并自觉进行劳动实践，就要让劳动根植于教育全过程，使良好的劳动习惯成为大中小学生的行动自觉，让"劳动最光荣、劳动最崇高、劳动最伟大、劳动最美丽"成为每一个公民的价值追求！

早在1957年，毛泽东主席就在《关于正确处理人民内部矛盾的问题》的讲话中提出："我们的教育方针，应该使受教育者在德育、智育、体育几方面都得到发展，成为有社会主义觉悟的有文化的劳动者。"他首先提出德智体全面发展，后来党和政府进一步发展、总结，提出培养德智体美劳全面发展的社会主义事业建设者和接班人的教育方针。2018年9月10日，习近平总书记在全国教育大会上再次提出："培养德智体美劳全面发展的社会主义建设者和接班人。"再次强调党的教育方针始终坚持"德智体美劳"五育并重，全面发展是回答"培养什么样的人"的标准答案。"三全育人""五育并举"是新时代教育的必然遵循。

高等学校开展劳动教育，是一项系统性工程，需要打造一个必修课和选修课相配套、理论与实践相印证、时间上涵盖在校和假期、地点上包括校内和校外的劳动教育课程体系，而编撰一本理论深入浅出，思想性、时代性与实践性兼具的必修课教材，则是其中的基础性工作和重中之重。反过来说，一本理想的高等学校劳动教育必修课教材，不仅能够满足必修课的授课需要，其逻辑框架、思想引导和知识点还能进一步影响和辐射到整个劳动教育课程体系中。正是基于新时代对劳动教育的要求，本书编写组根据国家教育方针，尤其是新时代对职业人才劳动素质的要求，编写了《劳动创造幸福——新时代劳动教育课程》这本教材。

本书具有以下三个特点：思想性、时代性、实践性。

第一，思想性。

高等学校开展劳动教育的根本目的是立德树人。劳动教育必修课的重点不是教给学生怎样劳动，而是教给学生对待劳动的正确态度。什么是劳动？大学生为什么要参加劳动？什么是马克思主义劳动价值观？什么是新时代中国特色社会主义劳动价值观？什么是劳动精神、劳模精神和工匠精神？为什么要学习劳模精神和工匠精神？本书的第一、二、三专题做了深入浅出的回答。此外，本书的七个专题中，每个专题均设置了"拓展阅读""探究分享"等栏目，引导学生进一步思考。

第二，时代性。

高等学校劳动教育的对象是高等学校学生。他们对社会的前沿现象观察细致、反应灵敏、有自己的独特看法。高等学校劳动教育不能脱离时代，在流水线代替人工劳动，洗碗机、扫地机器人成为许多家庭标配的情况下，高校学生还要不要劳动？本书对此进行了回答。例如，在第一专题阐述劳动的个体价值时，指出"劳动不仅仅具有个体谋生价值，还有自我实现的价值"。专题二阐述习近平新时代中国特色社会主义劳动价值观时指出："崇尚劳动、尊重劳动、热爱劳动"是新时代劳动精神的根本属性和根本要求。

第三，实践性。

所谓实践出真知，在充分理解了马克思主义劳动价值观、新时代劳动价值观，尤其是当今时代所需的劳模精神和工匠精神这些精深的劳动理论后,高校学生需要在实践中反复体验,把劳动实践贯穿于生活、学习、工作的人生全景,在实践中体会劳动的价值和意义,在劳动实践中创造物质和精神财富,在劳动中为中国梦的实现贡献自己一份力。因此,本教材的第四、五、六、七专题分别阐述了日常劳动实践、学校劳动实践、社会劳动实践和职场劳动实践。突出了实践之于劳动教育的重要性。

总的来说,尽管《关于全面加强新时代大中小学劳动教育的意见》对高等学校劳动教育的顶层设计十分完美,但是,其中的基础性工作即劳动教育必修课教材的建设,在我国仍然处于起步阶段。展望未来,本书期待在以下两个方面取得突破:第一,在教材内容上,斟酌恰当的容量和难度。从容量上讲,劳动思想体系博大,容量太少则教学内容支离破碎,不能反映高等学校劳动教育的基本面貌,容量太大则学生无法消化吸收,教学任务无法完成。从难度上讲,对马克思主义劳动价值观、劳模精神和工匠精神的深度挖掘究竟要做到何种程度?难度太浅,就容易与中学阶段的劳动课程重复,太深则学生不能理解。第二,吸收中华优秀传统文化中劳动教育的精义。中华民族是个勤劳的民族,古人对劳动教育内涵的挖掘十分深厚,比如颜氏家训中的许多关于劳动的训戒,时至今日依然具有十分积极的意义,需要我们去进一步挖掘。

目录

专题一 认识劳动与劳动教育 ……1
课前导入 ……2
一、劳动的概念与分类 ……3
二、劳动的价值 ……9
三、高校开展劳动教育的意义 ……11
四、高校如何开展劳动教育课程 ……13
探究分享 ……16

专题二 劳动价值观 ……19
课前导入 ……20
一、马克思主义劳动价值观 ……21
二、习近平新时代中国特色社会主义劳动价值观 ……23
三、培养大学生劳动价值观 ……31
探究分享 ……37

专题三 劳动精神传承 ……39
课前导入 ……40
一、学习劳动精神 ……41
二、弘扬劳模精神 ……48
三、践行工匠精神 ……54
探究分享 ……59

专题四　日常劳动实践 ··· 61
课前导入 ·· 62
一、日常家务劳动 ·· 63
探究分享 ·· 77
二、公共环境维护 ·· 78
探究分享 ·· 81
三、环保行动 ·· 82
探究分享 ·· 90

专题五　学校劳动实践 ··· 91
课前导入 ·· 92
一、勤工助学 ·· 93
二、扶贫支教 ·· 99
三、创新创业教育和实践 ·· 105
探究分享 ·· 113

专题六　社会劳动实践 ··· 115
课前导入 ·· 116
一、社会实践 ·· 117
二、社区劳动 ·· 124
三、志愿服务 ·· 129
探究分享 ·· 137

专题七　职场劳动实践 ··· 139
课前导入 ·· 140
一、劳动安全 ·· 140
二、实习实训 ·· 151
三、学校—职场角色转换的适应 ······································ 158
探究分享 ·· 162

附　录 ·· 164
附录一 ·· 164
附录二 ·· 169
附录三 ·· 180

专题一
认识劳动与劳动教育

劳动是人和动物的根本区别,劳动创造了人,进而创造了世界。马克思说:"任何一个民族,如果停止劳动,不用说一年,就是几个星期,也要灭亡,这是每一个小孩子都知道的。"

拓展资源

课前导入

"五一"国际劳动节,是全世界劳动人民共同的节日。从恩格斯领导成立的第二国际明确将1890年5月1日定为第一个国际劳动节起,历史车轮已走过130年。

在2020年"五一"国际劳动节来临之际,习近平总书记给郑州圆方集团全体职工发去回信。总书记指出,伟大出自平凡,英雄来自人民。面对这次突如其来的疫情,千千万万劳动群众在各自岗位上埋头苦干、默默奉献,汇聚起了战胜疫情的强大力量。希望广大劳动群众坚定信心、保持干劲,弘扬劳动精神,克服艰难险阻,在平凡岗位上续写不平凡的故事,用自己的辛勤劳动为疫情防控和经济社会发展贡献更多力量。

思考:

(1) 你怎么看待疫情期间,医护人员、社区工作人员等付出的劳动?

(2) 与学习相比,你认为劳动最大的特点是什么?

请将你的感想写在下面的框里。

一、劳动的概念与分类

劳动是人类基本的存在方式,也是人类社会形成和发展的推动力量。劳动不仅创造了社会物质财富,也创造了精神财富。人类历史上的一切文明成果,都可以归结为劳动的创造。劳动创造财富和价值,劳动是经济社会的"太阳",整个世界都弥漫着劳动的恩惠。

(一) 人类劳动的本质

2015年4月28日,习近平在庆祝"五一"国际劳动节暨表彰全国劳动模范和先进工作者大会上,阐释了唯物史观的一个重要论断:"劳动是人类的本质活动,劳动光荣、创造伟大是对人类文明进步规律的重要诠释。"这一论断内涵深邃,极为深刻地揭示了劳动的本质,对于我们科学认识劳动范畴具有重大的指导意义。

劳动是人的劳动,人作为劳动主体,其内在本质只有在劳动中才能得到真实反映和集中表现。就这个意义而言,人类劳动的本质就是人对自身本质的真正占有,劳动实践活动所体现的就是人的本质活动。

人在劳动中的能动意义在于创造,通过劳动创造价值,通过劳动点燃文明之火,让文明之光照亮人类社会由低级阶段向高级阶段不断发展之路。不论是否承认,这都是不以人的意志为转移的客观规律。

在实践中,我们每时每刻都面对各种形式的劳动,包括简单劳动和复杂劳动、体力劳动和脑力劳动、传统劳动和数字化劳动、重复性劳动和创新性劳动;或者我们就置身于形式多样的劳动过程之中,改变不同的劳动对象,创造不同的劳动产品,实现不同的劳动价值;我们每时每刻都在分享或消费不同劳动所创造的成果,其中包括生产资料和生活资料、物质产品和精神产品、传统劳动成果和数字化劳动成果。

由于劳动巨大的创造作用,由原始人单一的狩猎或采集劳动形式发展到现代社会数以万计的劳动门类,极大地丰富了劳动的内涵、拓展了劳动的空间和外延;由于劳动巨大的创造作用,在旧有的劳动形式逐渐消失的同时,崭新的劳动形式不断地被创造出来,形成生生不息、充满活力、不断演进的劳动创造系统,推动人类劳动实践形式由低级到高级不断发展。

由于劳动巨大的推动作用,人类彻底告别茹毛饮血的野蛮时代,摆脱刀耕火种原始落后的劳动生产方式,在社会生产力的强力推动下,人类踏上充满希望的通向文明之路。劳动不仅协调解决人与自然的关系,通过劳动生产出人所需要的产品,还生产出经济和社会关系。马克思曾指出,手推磨产生的是封建主的社会,蒸汽磨产生的是工业资本家的社会。亦即劳动生产力的发展决定生产关系,以及建立于经济基础之上的上层建筑和意识形态。由于劳动巨大的改变作用,人作为劳动主体,在改变劳动客体,使其满足劳动主体需要的同时,也使得劳动主体自身得以改变。总之,劳动的本质在于创造和改变,人们通过劳动实践,不仅改变客观世界,也使得自身的主观世界得到改变。

拓展阅读

致敬奋斗者——听习近平总书记说给劳动者的"暖心话"

劳动最光荣、劳动最崇高、劳动最伟大、劳动最美丽。全社会都应该尊敬劳动模范、弘扬劳模精神、让诚实劳动、勤勉工作蔚然成风。

——2018年4月30日,习近平给中国劳动关系学院劳模本科班学员的回信

只有奋斗的人生才称得上幸福的人生。奋斗是艰辛的,艰难困苦、玉汝于成,没有艰辛就不是真正的奋斗,我们要勇于在艰苦奋斗中净化灵魂、磨砺意志、坚定信念。

——2018年2月14日,习近平在2018年春节团拜会上的讲话

全面建成小康社会,进而建成富强民主文明和谐的社会主义现代化国家,根本上靠劳动、靠劳动者创造。因此,无论时代条件如何变化,我们始终都要崇尚劳动、尊重劳动者,始终重视发挥工人阶级和广大劳动群众的主力军作用。

——2015年4月28日,习近平在庆祝"五一"国际劳动节暨表彰全国劳动模范和先进工作者大会上的讲话

"人民创造历史,劳动开创未来。劳动是推动人类社会进步的根本力量。幸福不会从天而降,梦想不会自动成真。""劳动创造了中华民族,造就了中华民族的辉煌历史,也必将创造出中华民族的光明未来。"

——2013年4月28日,习近平在同全国劳动模范代表座谈时的讲话

（二）劳动的概念

劳动，是人们改变劳动对象使之适合自己需要的有目的的活动，即劳动力的支出。劳动是人类社会生存和发展的基础。它主要是指人们在生产物质资料过程中付出劳动力，并能够对外输出劳动量或劳动价值的人类活动。

劳动是人们在社会生活中维持自我生存和发展的唯一手段。按照传统的劳动分类理论，劳动可分为脑力劳动和体力劳动两大类。

劳动是人类活动的一种特殊形式。在商品生产体系中，劳动是劳动力的支出和使用。马克思给劳动下了这样的定义："劳动力的使用就是劳动本身。劳动力的买者消费劳动力，就是叫劳动力的卖者劳动。"

劳动是发生在人与自然界之间的活动。它本质是通过人的有意识的、有一定目的的自身活动来调整、控制自然界，使之发生物质变换，即改变自然物的形态或性质，为人类的生产生活和自己的需要服务。

劳动创造人类，劳动创造世界，劳动创造未来。关于劳动的内涵，我国宪法明文规定"公民有劳动的权利和义务"。这就要求每一个有劳动能力的人，都要把劳动看成是自己的光荣职责，必须以国家主人翁的态度对待劳动。

劳动的外延是人类实践活动的一种特殊形式，多指创造物质财富和精神财富的活动。在《中国大百科全书》（哲学卷）中，劳动被定义为"人类特有的基本的社会实践活动，也是人通过有目的的活动改造自然对象并在这一活动中改造人自身的过程"。在经济学中，劳动则是指劳动力（含体力和脑力）的支出和使用。

本书所述劳动为基础劳动教育实践，是以促进学生形成劳动价值观（即树立正确的劳动观念、积极的劳动态度，热爱劳动和劳动人民等）和养成劳动素养（有一定劳动知识与技能、形成良好的劳动习惯等）为目的的教育实践活动。

劳动还与"劳动技术教育""通用技术教育"等概念相关。不过，"劳动技术教育"强调的是技术的学习，与职业定向存在更密切的关联；"通用技术教育"则是开展基础技术教育的课程形式，"通用技术"是其教育重点。换言之，劳动教育是面向所有教育对象的普通教育，而"劳动技术教育""通用技术教育"两个概念中虽也有"劳动"的要素，但更多指向具体技术或者通用技术的学习实践等，强调重点有显著差异。

我们所说的基础劳动,是人们在学习、生活、工作过程中,为创造一个良好的、舒心的环境,而进行的必要的且是最基本的劳动。比如:室内外环境卫生的清扫与维护,把各种物品科学合理地摆放整齐,一般绿化、植被的修剪与整理等,都是最简单、最基本、最基础的劳动,也是我们学会做人做事最根本的需要。

(三) 劳动的分类

按照不同的分类标准,我们可以把劳动分为以下几种类型:根据劳动主体所耗费的劳动力的形态,劳动可分为体力劳动和脑力劳动;根据劳动对劳动主体的知识、经验和技能的要求,以及劳动主体所实际耗费的劳动力体力、脑力或体力与脑力的综合量的多少,劳动可分为简单劳动和复杂劳动;根据商品生产的劳动二重性,劳动可分为具体劳动和抽象劳动;根据劳动者付出劳动的必要程度可分为必要劳动和剩余劳动;根据劳动主体作用于劳动客体方式的不同,可把劳动分为常规劳动和创新劳动。

1. 体力劳动和脑力劳动

体力劳动是指劳动者以运动系统为主要运动器官的劳动。脑力劳动是劳动者以大脑神经系统为主要运动器官,以其他生理系统为辅助运动器官的劳动,如思考、记忆等。

对劳动做这样的区分的必要性在于,自出现脑、体分离以来,体力或脑力就呈现出分离状态,体力劳动与脑力劳动就分别由不同阶级或阶层的人承担。需要指出的是,体力劳动与脑力劳动的分离不是从来应有的,也不会永远持续下去。体力是脑力的基础。脑力劳动支配体力劳动,产生劳动价值。人的任何一种活动都是体力劳动和脑力劳动共同的成果,不动脑子种不出好粮食。在未来理想社会中,人类劳动的耗费即体力和脑力也会呈现出有机融合状态,只不过这时的劳动由于脱离了盲目必然性的制约而成为自由而全面发展的劳动。

2. 简单劳动和复杂劳动

马克思在《资本论》中谈道,简单劳动"是每个没有任何专长的普通人的机体平均具有的简单劳动力的耗费"。许涤新主编的《政治经济学辞典》给这两个范畴下了这样的定义:简单劳动"指在一定的社会条件下,不需要经过任何专门训练的、一般劳动者都能胜任的劳动"；复杂劳动"指经过专门培养和训练、具有一定技术专长的劳动"。在同样的时间里，复杂劳动创造的价值量等于成倍的简单劳动创造的价值量。

复杂劳动和简单劳动的区分是相对的。在一定条件下的复杂劳动，在另外条件下可能就是简单劳动。劳动由于复杂程度不同，在相同的时间内创造的价值也是不同的。一小时复杂劳动所形成的价值可以是一小时简单劳动形成价值的若干倍，这就要求在分析不同种商品的价值量时，必须把复杂劳动还原为简单劳动。

3. 具体劳动和抽象劳动

具体劳动是指在一定具体形式下进行的劳动，是有形的、看得见的。比如，装修工人粉刷墙壁、木工做家具等，就是具体劳动。具体劳动反映的是人与自然之间的关系，是自然属性，是一切社会形态中都存在的永恒的范畴。

抽象劳动是指撇开了具体形式的、人类一般的、没有差别的劳动，是人类劳动力（脑力和体力）一般生理学意义上的支出或消耗。抽象劳动反映的是商品生产者之间的经济关系，是劳动的社会属性。抽象劳动形成商品的价值。抽象劳动反映人们之间的社会生产关系，是社会属性，它是商品经济下特有的历史范畴。

具体劳动和抽象劳动是对立统一的。一方面二者是对立的，因为具体劳动和抽象劳动是生产商品时劳动的两种不同属性，但不是两种不同的劳动；另一方面，二者又是统一的，因为商品生产者在进行具体劳动的同时也支出了抽象劳动，它们在时间上、空间上都是统一的，二者是不可分割的。

4. 必要劳动和剩余劳动

必要劳动是指劳动者为维持和再生产劳动力所必需的劳动。通俗地讲，就是劳动者为了维持自己和家庭的生活所必须付出的那一部分劳动。在必要劳动中所花费的时间就是必要劳动时间。根据马克思主义政治经济学原理，社会必要劳动时间就是以一个工作日中一个标准人生理活动耗费的使用价值为界限的劳动时间。简单地说，就是劳动者当天的劳动成果的价值等于其当天所消费的价值的部分。在必要劳动时间内的劳动为必要劳动，是再生产劳动力本身价值的劳动。

剩余劳动与必要劳动相对应，是指超过维持劳动力生产和再生产需要的劳动，亦即生产剩余产品所消耗的劳动。剩余劳动时间是一个哲学词汇，指的是劳动者的劳动时间中用于生产维持劳动者自身及其家庭生活所必需的生活资料的时间以外的部分。

5. 常规劳动和创新劳动

常规劳动是指利用已有的知识、经验和技能以常规方式对劳动对象进行加工或改造的劳动。

创新劳动是指运用新设计、新方法、新技术和新知识，以创新方式对劳动对象进行加工或改造的劳动。

常规劳动是在现有的社会正常的生产条件下生产商品的劳动。它是按照既定生产条件下的常规方式进行的劳动。这种常规劳动未必是简单劳动，有时相当复杂，需要积累大量经验、技能与诀窍。而且不仅包括体力劳动，也包括常规性的脑力劳动。常规劳动的价值创造过程，是通过消耗个体生命以生产为他人服务的商品而建立社会关系的微观过程。

创新劳动则是变革原有生产条件与劳动方式，使之发展为新的社会正常的生产条件的劳动。创新劳动本身虽然也是微观个体的劳动，但其创造劳动价值的过程必须通过改变社会正常生产条件的宏观的社会历史时间来实现，也就是通过将创新性劳动成果向全社会生产结构的渗透扩张来实现。常规劳动与创新劳动的区别并不是复杂劳动与简单劳动之分，也不是脑力劳动与体力劳动之别，而是其劳动产品属于不同的层次。常规劳动通过劳动者在既定的社会生产条件下消耗其个体生命的抽象劳动时间来创造价值，而创新劳动则通过社会历史时间来提升人们创造价值的能力以增加社会价值。

二、劳动的价值

从哲学和经济学的角度来看,劳动具有两方面的价值:一是社会价值,二是个体价值。

(一)劳动的社会价值

劳动贯穿人类社会的始终。生产劳动为人类社会创造了物质财富和精神财富。劳动首先是创造物质资料的活动。物质资料的生产是人类社会存在和发展的基础和前提,这就要求人们必须投入生产劳动中去,通过劳动创造物质财富,以满足衣食住行等物质需求,从而维持社会的正常循环和发展。为了生活,人们首先就需要吃喝住穿以及其他一些东西,因此第一个历史活动就是生产满足这些需要的资料,即生产物质生活本身,而且,这是人们从几千年前直到今天单是为了维持生活就必须每日每时从事的活动,是一切历史的基本条件。作为创造物质资料的活动,劳动在新时代和以往时代相比,其内容或许发生了一系列的变化,但劳动提供物质生活资料的根本性质是不会发生变化的,因为这是劳动最一般的价值所在。

(二)劳动的个体价值

习近平指出:"劳动是人类的本质活动,劳动光荣、创造伟大是对人类文明进步规律的重要诠释。"对于个人来说,劳动不仅具有谋生价值,而且还具有自我实现的价值。劳动为人的全面发展创造了条件,同时也开拓了更广阔的空间。劳动本身是正价值的实践活动。但不当的劳动会给劳动者和社会带来负价值,比如:过度劳动给劳动者带来身心的损害;挣钱的欲望驱使劳动者从事更多的劳动,缩短劳动者的寿命。

1. 个体谋生价值

马克思在《哥达纲领批判》中提出:"劳动已经不仅仅是谋生的手段,而且本身成了生活的第一需要。"要想满足美好生活的需要,就需要每个人参加各种各样的劳动，创造更多的物质财富和精神财富，以增强人民的获得感、幸福感和安全感。中国社会发展对美好生活的需要，不仅仅是物质财富的丰富，还有对民主、法治、公平、正义、安全、环境等的理性诉求。党的十九大报告指出："中国特色社会主义进入新时代，我国社会主要矛盾已经转化为人民日益增长的美好生活需要和不平衡不充分的发展之间的矛盾。"并提出，要"不断满足人民日益增长的美好生活需要，不断促进社会公平正义，形成有效的社会治理、良好的社会秩序，使人民获得感、幸福感、安全感更加充实、更有保障、更可持续"。

2. 自我实现价值

黑格尔指出："个体满足它自己需要的劳动，既是它自己的需要的满足，同样也是对其他个体的需要的一个满足，并且一个个体需要满足它的需要，就只能通过别的个体的劳动才能达到满足的目的。——个别的人在他的个别劳动里本就不自觉地或无意识地在完成着一种普遍的劳动。"我们看到社会上有很多义工，他们每天也在上班、工作，但并不获取任何报酬，他们劳动的目的不是财富，而是满足内心一种自我实现的需求。他们通过劳动为社会的发展和祖国的建设贡献自己的力量，体会到劳动的充实与快乐，实现了自己人生的价值与意义。

在劳动中感悟、在劳动中获得、在劳动中创造所带来的社会价值极具精神鼓舞的力量。2020年中国人民抗击新型冠状病毒肺炎疫情的行动就是极好的例子。从中央到基层、从城市到乡村、从医生到护士、从医学科研人员到一线抗疫人员等都以实际行动来抵御新型冠状病毒对国人乃至全人类的威胁。新型冠状病毒感染的肺炎疫情联防联控工作机制科研攻关专家组组长、中国工程院院士钟南山，一位84岁的老人，奔波在一线与实验室间，用最朴实的劳动方式做着最伟大的事业，用长期积累的防治经验以脑力劳动为媒介一步步攻克难关。这些体力劳动、脑力劳动，不仅有个人创造，还包括了集体创造，这个过程中的劳动不仅是劳动本身，更是一种劳动精神和自我价值的体现。

拓展阅读

李克强总理2018年10月24日应邀在中国工会第十七次全国代表大会上做经济形势报告时说，劳动创造财富，没有劳动，天上不会掉馅饼。劳动光荣不仅要体现在荣誉奖励上,同时要体现在收入待遇上。要大力弘扬劳动精神,不断完善创新激励机制,充分激发人的内生动力。只要把千千万万劳动者的积极性、主动性和创造性调动起来、发挥出来,中国经济就没有迈不过去的坎,就没有克服不了的困难。

"我到地方考察,发现一家企业的大工匠用古代传承的技术和现代技术相结合做模具,生产的产品畅销欧洲,企业给这位大工匠开的工资比总经理高出许多。这位企业家有眼光啊,知道工匠是企业的宝贝。"李克强总理的这番话,引发全场热烈的掌声。他说,"中国制造"要尽早变为"中国精造",无论是日常消费品生产,还是高精尖制造,都需要有一大批"身怀绝技"的大国工匠。只要潜心弘扬精益求精的工匠精神,大胆创新能者多得的激励机制,中国制造就不仅会以性价比风靡全球,更能靠高质量行销世界。

——中国政府网,2018年10月25日

三、高校开展劳动教育的意义

劳动教育是新时期党对教育的新要求,是中国特色社会主义教育制度的重要内容,是促进大学生德、智、体、美、劳全面发展的重要载体,在高校开展劳动教育具有重大意义。它具有鲜明的社会性,要求学生在面对真实的生活世界和职业世界时,以动手实践为主要方式,学会改造世界,在改造世界的过程中塑造自己,提高自身素养。

(一)劳动教育是实现中国梦的强大助推力量

劳动开创未来,奋斗实现梦想。"以劳动托起中国梦",根本上要靠劳动者的辛勤劳动、诚实劳动和创造性劳动。大学生对劳动的认知,对待劳动的态度以及劳动习惯、劳动技能的培养,决定着国家和民族的未来。

随着物质生活水平的提高,一些大学生推崇享乐,贪图安逸,不愿意吃苦耐劳,相当部分的年轻人向往成为"网红",向往"日进斗金"。这些涉世未深的年轻人大多喜欢把一些特殊案例看作他们的动力。然而,很多人只看到了别人光鲜的一面,却没看到他们背后承担的各种风险和付出的艰辛。

劳动教育可以培养学生正确的劳动价值观,使他们以良好的劳动第一视角看劳动者品质,同时体会劳动创造美好生活,体认劳动不分贵贱,热爱劳动。而这些都将有助于我们接力奋斗,实现中华民族伟大复兴的中国梦。

(二)劳动教育是培养合格的社会主义建设者和接班人的途径

当代青年人思维活跃、创新意识浓厚,自我意识较强,讲求实际,追求个性化,对工作和生活的选择多样化。讲创新、有想法、追求个性化没问题,但好高骛远、好逸恶劳、贪图享受的劳动态度以及不尊重劳动和劳动者的行为都是不可取的。

一代人有一代人的使命,我们这一代青年人能否担起时代和人民赋予的历史重任,除了依靠组织培养,关键还要看自身努力。我们青年一代要主动接受劳动教育,培养自身的劳动素质,弘扬劳动精神,传承工匠精神,树立"以天下为己任""舍我其谁"的社会责任感和担当精神,努力成为让党、祖国与人民满意和放心的新时代中国特色社会主义事业的合格建设者和接班人。

(三)劳动教育是高校"立德树人"的重要载体

"立德树人"作为一种先进的教育理念,以培养德才兼备、全面发展的人才为主旨。那么,高校应如何培养德才兼备、全面发展的人才,以适应社会经济发展对高素质、高层次人才的需求呢? 发展经验和实践证明:劳动教育是培养全面发展人才的必要条件,也是其基本途径和有效措施。

劳动教育不停留于掌握劳动技能层面,更以塑造人格、完善品德、培养价值观念为目标,它既是"立德"的重要内容,也是"立德"的途径。

(四)劳动教育是学生成长成才的需要

对于学生来说,劳动可能并不直接创造财富,但可以培养优良品质。现实生活中,一些人不理解劳动,不愿意劳动。有的同学说:"我们学习这么忙,劳动太占时间了!"真是这样吗?我们学习的是科学文化知识,而劳动也是科学文化的源泉。古有鲁班造锯,现有袁隆平院士培育杂交水稻。现代科技再也不是"四体不勤,五谷不分"的人闭门造车的产物,袁隆平院士为了研究杂交水稻,吃住在田间地头,历经波折,才解决了几亿人的温饱问题,离开一线劳动,这些都是不可想象的。学习怎么能离得开劳动?劳动是最好的学校!

接受劳动教育,有利于我们在课堂教学、自身学习、实验实践等教育环节上付出大量劳动,将自己打造成未来的有用之才;有利于我们在体味艰辛、挥洒汗水中培养过硬的心理素质,在艰苦奋斗、顽强拼搏中磨炼自己的意志,从而获得让自己受益终生的宝贵精神财富;有利于我们形成积极向上的就业创业观,在国家社会需要与个人价值实现、专业学习与岗位匹配等方面找到平衡,形成自主多元的积极就业观,提升创业创新意识和能力。

总之,劳动精神的培育是高校德育的重要内容,劳动技能的教育是高校智育的重要内容,将劳动教育与德智体美并列,既是对劳动教育本身的有效加强,也是对德智体美教育的有力支撑。

四、高校如何开展劳动教育课程

为构建德智体美劳全面培养的教育体系,2020年3月,《中共中央国务院关于全面加强新时代大中小学劳动教育的意见》(以下简称《意见》)出台。

(一) 劳动教育的课程结构

落实劳动教育需要依托课程,必须有一定的时间做保证。在课程设置上,《意见》突出强调"整体优化学校课程设置",构建劳动教育课程体系,大中小学设立必修课程和劳动周,同时强调其他课程有机融入劳动教育内容和要求。

《意见》中明确指出,要根据教育目标,针对不同学段、类型的学生特点,以日常生活劳动、生产劳动和服务性劳动为主要内容开展劳动教育。结合产业新业态、劳动新形态,注重选择新型服务性劳动的内容。

人才培养关系着大学能够为社会输送的人才的层次和素质,是教育的出发点和归宿,是高等教育的核心职能之一。我国高校重视培养学生的家国情怀和社会责任感、专业知识、创新和实践能力、道德品质、国际视野,强调培养实用型、高素质人才。针对高校的人才培养目标,劳动教育课程结构如图1-1所示。

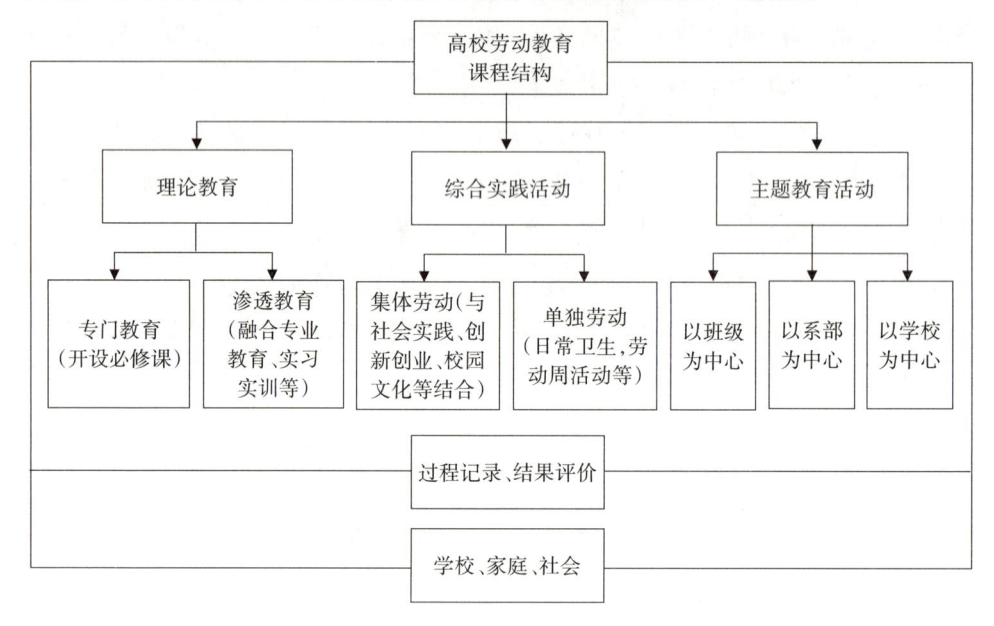

```
                        高校劳动教育
                          课程结构
        ┌──────────────────┼──────────────────┐
      理论教育           综合实践活动          主题教育活动
    ┌────┴────┐        ┌────┴────┐        ┌────┬────┬────┐
  专门教育  渗透教育   集体劳动   单独劳动   以班级  以系部  以学校
 (开设必修课)(融合专业 (与社会实践、(日常卫生, 为中心  为中心  为中心
          教育、实习  创新创业、 劳动周活动
          实训等)    校园文化   等)
                    等结合)
        └────────────── 过程记录、结果评价 ──────────────┘
        └────────────── 学校、家庭、社会 ────────────────┘
```

图1-1 高校劳动教育课程结构

(二)劳动教育的实施手段

随着时代的变迁,学生的成长环境与上一辈人相比发生了翻天覆地的变化,他们衣食无忧,不知稼穑之艰难,但他们的眼界更为开阔,自我意识也前所未有的强烈。老调重弹的劳动教育,如日常教学中简单的任务、单纯的体力教育、技艺学习等,与脑力劳动、日常学习无关的话,往往无法激发学生的兴趣,无法调动他们参与劳动活动的积极性。

如果劳动教育还沿续传统的体力劳动,只让学生体验吃苦流汗,显然难以让他们深刻理解劳动的意义。如今,劳动的功能逐渐转向个人价值的实现,获得存在的价值感和意义感等,从这个角度来讲,对于大学生来说,完成劳动未必能比他们在学习过程中获得的价值感和存在感更多。因此,要达到能够通过劳动全面育人的目标,开展创造性劳动教育势在必行。劳动教育实施手段及其要点如表1-1所示。

表1-1　劳动教育的实施手段及其要点

实施手段	要点
理论讲授	① 让学生认识开展劳动教育的必要性,能重视劳动、尊重劳动、尊重劳动者、懂得劳动的伟大意义; ② 塑造劳动楷模形象,用榜样力量引导学生践行以"诚"待劳,以实干实现自身价值。
体验式教学	让学生感悟自身的变化与成长,理解辛勤劳动对于丰富和发展自我的重要性,激发学生在未来学习生活中努力奋进、自主追求与实现梦想的勇气。
劳动实践活动	① 培养学生的劳动意识与劳动技能,让学生在实践活动中亲身体验劳动,感受劳动的魅力,明白劳动对于追求幸福生活的重要性; ② 围绕创新创业,使学生学会创造性地解决问题,树立正确择业观,懂得空谈误国、实干兴邦的道理。
劳动技能和劳动成果展示	引导学生在家庭生活中主动劳动,记录过程,体会劳动的意义。
劳动竞赛	利用各种竞赛形式激发学生参与劳动的积极性。
演讲(或作文)	引导学生结合社会热点思考劳动对于社会发展的意义,认识自己作为社会一员的义务与使命,从更深层意义上提高自身的劳动素养。

(三)劳动教育的评价方法

《意见》中有一段较为引人关注的话:"把劳动素养评价结果作为衡量学生全面发展情况的重要内容,作为评优评先的重要参考和毕业依据,作为高一级学校录取的重要参考或依据。"

作为升学参考或依据,也就涉及进行劳动素养评价的问题。学校和教师可采用综合评价和间断性问卷调查两种方法来监测和评价劳动教育的效果,具体如表1-2所示。

表1-2 劳动教育的评价方法

评价方法	评价要点	作用
综合评价	生活表现	客观评价劳动教育的成果
	课堂参与度	
	实践活动参与度（学生自我服务、家务劳动和社会公益劳动）	
	劳动素养（创造性、领导力、合作力等）	
间断性问卷调查	劳动安全意识	评价劳动教育的成果改善劳动教育的手段
	劳动态度（使命感、奉献精神等）	
	对教学手段的喜好程度	
	对教学手段的建议	

探究分享

反思劳动教育

活动目标：

引导学生深刻理解劳动教育的重要意义。

活动时间：

建议15分钟。

活动流程：

1. 教师出示以下阅读材料，并提问：结合实际谈谈造成以下现象的原因和对策。

孩子自理能力缺失，劳动意识淡薄

来自北京教育科学研究院基础教育科学研究所的报告显示：美国小学生平均每天的劳动时间为1.2小时，韩国0.7小时，法国0.6小时，英国0.5小时，而中国小学生平均每天的劳动时间只有12分钟。针对这种现象，首都青少年劳动教育调研组赴北京市党政机关、教育机构、企事业单位、基层社区实地走访并发放千余份调查问卷,对首都青少年劳动教育现状进行了摸底调查。据了解,只有不足3成的小学生会整理房间、打扫卫生,很多孩子根本不做或者不会做。调查结论认为,中国孩子现在自理能力缺失,对于劳动的意识也很淡薄。对此,有些家长表示:不是孩子不爱劳动,而是孩子没有时间劳动,也不会劳动。

2. 将学生分成4—6个人的活动小组,通过小组内部讨论形成小组观点。

3. 每个小组选出1名代表陈述本组观点。

4. 教师进行归纳分析,引导学生深刻认识开展劳动教育的重要性。

专题二
劳动价值观

培育深厚的劳动情怀、树立正确的劳动价值观对当代大学生培育践行社会主义核心价值观、实现青春梦想、形成正确的就业创业观、提升抗挫折能力、培养社会责任感具有重要意义。

拓展资源

课前导入

2021年5月,江苏省对1 000名来自全省各行各业各条战线的劳动模范和先进工作者进行表彰,他们辛勤付出,勇于创新,在各自平凡的岗位上抒写着不平凡的篇章。

"在武汉抗疫52天,我走访了90多个社区,120多个小区,提出的121条工作建议,均被地方采纳和落实……"在南京市建邺区召开的劳模事迹宣讲会上,江苏省先进工作者、建邺区南湖社区卫生服务中心主任符岱佳分享了自己的武汉抗"疫"经历。社区是疫情防控的重要一环,去年初,国家卫健委向全国征调13名具有社区防控经验的专家驰援武汉,符岱佳毫不犹豫第一时间报名:"如果社区不控制,病人就会越来越多,我们要把传染源控制起来,当时抽调防控专家到武汉去,要求全科医生背景,有社区防控经验的,我觉得我符合这个条件,而且当时看了那边的情况心里还是比较焦急的,想为那边做点工作。"

工作39载,符岱佳一直坚持用过硬的医疗技能救死扶伤,把"急性心衰"病人从死亡边缘拉回来,成功救治"气道堵塞"的危重患儿……在一次次与时间赛跑、与病魔较量过程中,符岱佳深深感受到,基层需要一支过硬的医疗队伍,他率先在基层医疗机构开设手术室、应用消化内窥镜技术……这一切都源于对患者高度负责的态度。"作为一个医生就是要勤勤恳恳,为老百姓服务,我每次看到病人被救治过来,心里都特别快乐。"符岱佳说。

爱岗敬业、艰苦奋斗、甘于奉献……是劳模精神的深刻内涵,也是时代精神的重要体现。江苏省劳模、北京市炜衡(南京)律师事务所律师张世亮告诉记者,从2008年正式执业开始,他就加入了南京市总工会法律援助团,十几年来,帮扶接待过的困难职工、农民工等达数万人次,为他们挽回各类损失3 000多万元。在他的带领下,更多的律师加入法律援助的队伍中来:"我是从农村出来的,和农民工有亲近感,学习法律就是希望阳光可以普照到每个人。2020年我们团队做了291件法律援助案件,符合我们法律人的初心,即实现社会的公平和正义。"

——我苏网,2021年5月9日,有修改

从这些劳动模范和先进工作者身上,你能看到什么样的劳动价值观?你认为大学生应该树立什么样的价值观?请将你的想法写在下面的框里。

一、马克思主义劳动价值观

以马克思、恩格斯为代表的经典马克思主义者主要从历史唯物主义、政治经济学和教育学原理三个维度对劳动价值观、劳动教育观进行过十分重要、精彩的理论解释。之所以选择这三个维度,是因为经典文献中马克思、恩格斯就是从这三个维度对劳动价值观给予最为充分论述的。其中,历史唯物主义主要是一种将人类物质劳动作为出发点的劳动史观,政治经济学主要是一种基于劳动创造商品价值的劳动政治经济学,而教育学原理主要是一种强调通过教育与生产劳动相结合来实现人的全面发展的劳动解放学说。认真发掘、研究马克思主义经典作家有关劳动价值、劳动教育的文献资源,对于我们今天重新审视劳动教育的价值、把握劳动教育的本质,都具有重要的理论价值和现实意义。

(一)历史唯物主义视域中的劳动价值观

劳动,是马克思用以分析人类历史发展的核心范畴之一。在马克思那里,人类历史是以人的物质劳动作为载体的历史,劳动在整个人类社会和历史发展中处于关键性地位,这使得劳动不仅是把握历史唯物主义的钥匙,更是历史唯物主义得以建构的根本出发点和落脚点之一。劳动范畴的辩证运动不仅构成了历史唯物主义的理论骨骼,而且是历史唯物主义在社会存在和社会意识的辩证关系、阶级和阶级斗争、国家和社会革命等重要原理方面的逻辑展开。可以这么说,马克思的历史唯物主义就是用劳动的观点来认识和把握现实世界的发展,或者,历史唯物主义正是在劳动发展史中才找到了理解全部人类历史的入口,历史唯物主义在一定程度上就是马克思的劳动史观。具体来看,在历史唯物主义的视域中,马克思对人类劳动的基本价值进行的分析主要表现为以下三大主张:劳动创造世界,劳动创造历史,劳动创造人本身。

(二) 政治经济学语境中的劳动价值观

劳动不仅是理解马克思历史唯物主义的逻辑起点,亦是把握马克思政治经济学的枢纽。两者的区别在于,前者主要是一种对劳动的哲学规定,它主要是从劳动的社会历史形态、劳动的存在论内涵来把握劳动的价值;而后者主要是一种对劳动的政治经济学规定,它提出了劳动者是劳动主体、劳动创造价值、按劳分配等一系列政治经济学命题。马克思将劳动作为构建政治经济学体系的基础概念,并对处于一定生产方式下从事劳动的人进行了深入研究,并试图创建政治经济学意义上的劳动价值论,其回答的主要问题是价值是谁创造的、是被谁占据的和如何被分配的。具体来看,在政治经济学的语境中,马克思的基本主张包括:劳动是商品价值的唯一源泉;劳动剥削是资本主义的社会本性;按劳分配是实现社会正义的重要原则。

(三) 教育学原理论述中的劳动价值观

虽然,马克思、恩格斯并没有专门论述教育的著作,大多数情况下是在论述其他问题的时候阐述了教育问题,但马克思、恩格斯始终把教育看成是一个重要的研究领域,并立足于科学的研究方法来研究教育问题。其中,劳动及其劳动价值观在马克思、恩格斯的教育论述中占据着核心位置,马克思、恩格斯关于教育问题的一些重要观点和结论都紧紧围绕着劳动价值观而展开,劳动及其劳动价值观在一定程度上为整个马克思教育学的最终形成提供了理论依据和方法论指导。具体来看,在教育学的基本理论视野中,马克思认为:劳动形成人的本质,劳动是实现人的全面发展的重要途径,教育与生产劳动相结合是社会主义教育的根本原则。

总而言之,依托经典马克思主义对劳动及其劳动价值观的理论阐述,并将其作为当前学校劳动教育的理论依据,明确劳动教育的核心在于培养学生形成正确的劳动价值观,继而培育出热爱劳动、尊重劳动者、积极投身于社会主义建设事业的合格公民,应当是我国开展劳动教育的根本出发点和核心教育目标。

翻转课堂

请仔细阅读下列问题,逐一回答"是"或"否",并将答案标注在相应的位置。

序号	问题	是/否
1	你是否会欣然接受安排给你的劳动任务?	
2	你是否会及时完成安排给你的劳动任务?	
3	你是否会努力克服劳动过程中的懒惰情绪?	
4	你是否愿意承担劳动任务中的"苦差事"?	
5	你是否愿意承担劳动任务中的"分外事"?	
6	当看到别人忙碌时,你是否会主动帮助别人劳动?	
7	你是否会主动发现潜在的、可以开展的劳动任务?	
8	你是否会主动设计潜在的、可以开展的劳动任务?	
9	你是否会不折不扣地完成劳动任务?	
10	你是否会精益求精地完成劳动任务?	

二、习近平新时代中国特色社会主义劳动价值观

重视劳动的价值和作用,树立鲜明的劳动价值观是习近平新时代中国特色社会主义思想的突出特点。党的十八大以来,习近平在多个场合、多次讲话中阐述了劳动、劳动者、劳动模范、劳模精神等在中国特色社会主义事业建设中的重要作用,进一步继承与发展了马克思主义劳动价值观。

(一)新时代劳动精神是全社会"崇尚劳动、尊重劳动、热爱劳动"的价值导向

"崇尚劳动、尊重劳动、热爱劳动"是新时代劳动精神的核心,也是新时代劳动精神的根本属性和根本要求。"崇尚劳动"反映了社会对劳动的立场和态度,是全社会对劳动产生的价值认同和追求、赞美和崇敬;"尊重劳动"反映了社会对劳动及劳动者主体地位的正面与积极的价值评判和认同;"热爱劳动"反映了社会对劳动的情感,表现为劳动者积极的劳动意愿、持久的劳动乐趣、向上的劳动锻炼、预期的劳动成果等方面。

社会历史时期不同,主客观历史条件不同,人们的劳动观念和思想也有所不同。但是有一点是非常明确的,只有理解和认识马克思主义劳动思想的科学内涵,意识到劳动是人的本质活动,是人类认识世界和改造世界、发展自身和社会文明的最基本的实践活动,是创造财富和获得自由幸福的源泉,才能认同、尊重和崇尚一切劳动及其所带来的个人和社会价值。虽然劳动分工、劳动方式具有时代个性特点以及差异性,但是无论时代条件如何变化,劳动的本质是一样的,不存在劳动的高低贵贱,任何形式的劳动都应得到认同和尊重,任何劳动者都应得到认同和尊重,其劳动权利和利益都应得到认可和保障。体力劳动和脑力劳动虽然形式不同,但是都实现了个人价值和创造了社会价值。一切有利于人民、国家、社会发展的劳动都值得尊重,任何对劳动的歧视和偏见都应该反对。

(二)新时代劳动精神是"劳动最光荣、劳动最崇高、劳动最伟大、劳动最美丽"的价值追求

2018年4月30日,习近平总书记在给中国劳动关系学院劳模本科班学员的回信中写道:"我一直强调,劳动最光荣、劳动最崇高、劳动最伟大、劳动最美丽。全社会都应该尊敬劳动模范、弘扬劳模精神,让诚实劳动、勤勉工作蔚然成风。"

劳动最光荣。2016年4月26日,习近平总书记曾在知识分子、劳动模范、青年代表座谈会上说过,"劳动没有高低贵贱之分,任何一份职业都很光荣"。劳动最光荣,是全体劳动者应有的价值立场,体现为做出劳动贡献的劳动者及其劳动价值得到肯定和认同。弘扬劳动精神就是要发扬无私奉献精神和服务他人意识,培育社

会主义核心价值观,同各种好逸恶劳的错误思想彻底割裂开来。

劳动最崇高。2015年4月28日,习近平总书记在庆祝"五一"国际劳动节暨全国劳动模范和先进工作者大会上曾说过,"在我们社会主义国家,一切劳动,无论是体力劳动还是脑力劳动,都值得尊重和鼓励;一切创造,无论是个人创造还是集体创造,也都值得尊重和鼓励"。劳动最崇高,肯定了劳动者创造的成果,肯定了劳动者自身的价值。新时代劳动者是全面建成小康社会、坚持和发展新时代中国特色社会主义的主力军,同时也是劳动精神的继承者和践行者。

劳动最伟大。2015年4月28日,习近平总书记在庆祝"五一"国际劳动节暨全国劳动模范和先进工作者大会上曾说过,"中华民族是勤于劳动,善于创造的民族,正是因为劳动创造,我们拥有了历史的辉煌;也正是因为劳动创造,我们拥有了今天的成就"。劳动最伟大,体现为劳动实践推动人类社会进步,成就历史辉煌。中国改革开放40多年的伟大成果是靠千千万万中国人民辛勤劳动创造的,不是凭空想象出来的,也不是等得来、喊得来的,而是拼出来、干出来的。新时代进行的伟大斗争、伟大工程,推进伟大事业,实现伟大梦想,都离不开新时代劳动精神,并始终贯穿于中国特色社会主义事业的方方面面,成为激励全党全国各族人民奋发图强、勇于前进的强大精神支柱。

劳动最美丽。2013年4月28日,习近平总书记到全国总工会机关同全国劳动模范代表座谈并发表重要讲话,"人世间的美好梦想,只有通过诚实劳动才能实现;发展中的各种难题,只有通过诚实劳动才能破解;生命里的一切辉煌,只有通过诚实劳动才能铸就"。劳动最美丽,是劳动者在认识和改造世界的过程中,劳动精神外化和物化所展示的劳动之美。"最美乡村教师""最美逆行者"等无数新时代奋斗者在平凡的岗位上成就不平凡的人生,在辛勤劳动中实现自我价值和社会价值的统一。新时代、新征程、新作为,我们要撸起袖子加油干,用实干精神、担当精神助推中国梦的实现。

(三)新时代劳动精神是"辛勤劳动、诚实劳动、创造性劳动"的社会价值实践

辛勤劳动是诚实劳动、创造性劳动的前提和基础。劳动创造财富,劳动成就未来。只有辛勤劳动才能在最大程度上实现劳动者的价值。辛勤劳动反映勤奋、敬

业、苦干、实干的精神,是劳动者的基本要求。新时代劳动精神,尤其是以"爱岗敬业、争创一流、艰苦奋斗、勇于创新、淡泊名利、甘于奉献"为核心的劳模精神,激励着人们用辛勤劳动创造美好生活,实现中华民族伟大复兴的中国梦。

诚实劳动是辛勤劳动和创造性劳动的根本。诚实劳动是指劳动者在劳动过程中脚踏实地,遵守职业道德、职业规范,遵守法律法规及政策,实事求是获得劳动成果。继承和发扬新时代劳动精神,诚实劳动是重中之重,只有诚实劳动之花,才能结出辛勤劳动和创造性劳动之果,才能推动国家、社会的积极进步、良性发展。

创造性劳动是辛勤劳动和诚实劳动的创新发展。创造性劳动是指首创性、创新性劳动,包括人类历史上各种发明与创新,如我国的"四大发明"、黄道婆纺织工具和技术的研发与推广、蒸汽机等技术革命成果,等等。继承和发扬新时代劳动精神,创造性劳动是发展的必然要求。在倡导大众创业、万众创新的背景下,劳动者只有具备艰苦奋斗和实事求是的劳动精神、精益求精的工匠精神和敢为人先、敢闯敢试的创新精神,才能破除故步自封,时刻警惕不劳而获、投机取巧、贪图享乐等错误观念,牢牢紧跟时代,开创中国特色社会主义事业新篇章。

(四)新时代劳动精神是幸福感的社会文化价值体现

马克思指出:"'劳动的绝对自由'是劳动居民幸福的最好条件。"由此可见,劳动精神是人的自由全面发展的核心价值。劳动作为人的本质精神而具有价值,作为人的最基本权利而被赋予价值,作为获得幸福的生命体验而体现价值。劳动是人类的本能,是一种积极的天性,是在人类进化、社会进步和文明发展演化过程中凸显出来的一种竞争优势。从生物进化方面来看,在人类演化过程中,会使用劳动工具、经常劳动并热爱劳动的人类,更容易掌握和提高认识世界和改造世界的技术和能力,更方便和频繁地与自然界进行物质交流、与他人进行对话交流,从而更容易适应外界环境,更容易繁衍和生存下来。从社会进步来看,那些愿意为家人、他人、社会和国家辛勤劳动、服务奉献的人,往往更有成就、更加富裕、更加幸福。从文明发展来看,越是尊重劳动和劳动者,维护和保障劳动者的合法权利,劳动异化现象就越少,劳动的获得感、存在感和幸福感就越强,劳动关系就越和谐,社会精神文明程度就越高。

新时代劳动精神弘扬和体现社会主义核心价值观。劳动精神是社会主义核心价值观的应有之意。改革开放的成果、中国梦的实现等"根本上靠劳动,靠劳动者创造"。只有全社会树立崇尚劳动、尊重劳动和热爱劳动的劳动观念,积极参加劳动实践,才能确保"富强、民主、文明、和谐"核心价值真正被接受和认可,"自由、平等、公正、法治"核心价值真正得以实现。只有全体劳动者树立正确的劳动态度,严格遵守社会主义职业道德及基本规范,切实做到爱岗敬业、诚实守信、办事公道、服务群众、奉献社会,才能确保"爱国、敬业、诚信、友善"的核心价值观真正落到实处。

拓展阅读

我从来就不只是"卖房子的"

晚上11点,客户发来一连串购房疑问——张永刚熬夜做了一份20页的PPT发给了对方。报告里包含客户需求、选房范围、房屋基本信息、商圈情况、小区均价、房源税费明细、首付月供等信息,最后还有安心服务承诺、交易流程图、税费计算资料等政策交易资料。

当张永刚把报告呈现在客户面前时,对方很震惊——大多数客户不认为经纪人有给他们做一份置业报告的能力。客户的反馈是:"专业、靠谱、用心,买房就找你了。"

学金属材料的北京航空航天大学硕士张永刚,大学时做出过国家发明专利,按照大多数人的职业路径,他应该是做科研或进国企,然而,他最终进入了房产服务行业。在传统认知里,房地产经纪人只是掌握信息差,撮合交易。但张永刚的自我定位是高水平、职业化的价值提供者。

2018年,张永刚职业生涯的第一单就卖出了一套价值1450万的房子。那天晚上11点多,他在店里看书,进来一对夫妻,说这个小伙子挺拼。

"我当时做新房的工作做得特别充分,就等客户来咨询了。我跟他们讲了北京市场,局部市场,开发商最新的楼盘,讲区域、讲小区、讲卖点、讲产品,客户最后问你是不是开发商的销售过来跟链家这些店面合作的。"

建立信任后,张永刚带他们看了很多新房,到最后有两个盘拿不定主意,客户每天晚上下班后11点多打电话叫他去家里聊天,经常聊到12点多,考虑到底选择哪个房,现在买房合适不合适,担心订了新房而旧房还没卖掉怎么办。

"这个时候我真的像朋友一样帮他们分析。后来,这个客户还遭遇P2P暴雷,损失了上百万,内心特别挣扎,他真的就把我当朋友,我们就坐下来推心置腹地商量解决方案。"

"我们的服务是有温度的,我对自己的定义是一个能提供多线价值的服务者。"张永刚说。除了温度,更重要的是尊严,而尊严必须通过专业和真诚获得。

张永刚还有个常备手册,里面是他自己总结的房屋交易百科知识,所有房屋分类、政策规章、交易流程,甚至是"购房合同丢失应该怎么办"的小问答,都在里面详细列明。他会把这份手册给自己的每一位客户,也送给所有认识的居住服务伙伴,把自己总结的作业方法分享给更多人。

有尊严,是服务者安身立命的根本。张永刚说自己绝对不只是一个"卖房子的",而是一个为消费者提供品质服务的有尊严的载体。让每一笔交易有温度,是一件说起来容易做起来难的事,但服务者的价值就在于此。因为有温度,那笔房款不仅仅是数字,房子才是家。

而付出了温度服务的人,同样需要尊严的照拂——尊严是对服务者最好的回馈。

——燃财经,2020年4月27日,有修改

(五)劳动开创未来

改革开放40多年来,中国人民用自己辛勤的劳动创造了举世瞩目的巨大成就,中国特色社会主义进入新时代。但是,我们必须清醒地认识到,我国仍处于并将长期处于社会主义初级阶段,社会生产力还不够发达,社会财富还不够充裕。只有依靠广大人民群众脚踏实地地劳动,持之以恒地诚实劳动、辛勤劳动,憧憬才能变为现实。劳动是梦想与现实之间的桥梁,是通向未来的必由之路,只有脚踏实地地辛勤劳动、诚实劳动、创造劳动,才能开创我们的美好未来。因此,必须"引导和支持所有有劳动能力的人依靠自己的双手开创美好的明天。

劳动是一切成功的必由之路。现在,我们比历史上任何时候都更接近实现中华民族伟大复兴的目标,比历史上任何时期都更有信心、更有能力实现这个目标。

但是,我们的路也更加艰难,更加需要艰苦奋斗、不懈努力,只有脚踏实地地辛勤劳动,"两个一百年"的奋斗目标才能实现。

(六)劳动最美丽:奋斗是劳动人民最美的姿态

1. 劳动创造了世间的一切美好

人们靠劳动实现了生存与发展,人们在劳动中体会到了快乐和幸福,体验到了自身的价值。2013年10月,习近平总书记在同中华全国总工会新一届领导班子集体谈话中指出,要在全社会大力弘扬我国工人阶级的优秀品质,大力宣传劳动模范和其他典型的先进事迹,加强对广大青少年的教育,让全体人民进一步焕发劳动热情、释放创造潜能,通过劳动创造更加美好的生活。这是对劳动者辛勤劳动的赞美,也是对他们劳动的肯定。习近平总书记关于"劳动最美丽"的重要论述,是对马克思主义劳动价值观的继承和发展。

2. 劳动是最美的绽放

党的十八大以来,每年的"五一"国际劳动节前夕,习近平总书记都会在讲话中谈及劳动模范和劳模精神,并高度评价与赞美劳动模范与劳模精神,称劳动模范是劳动群众的杰出代表,是最美的劳动者,是民族的精英、人民的楷模,是坚持中国道路、弘扬中国精神、凝聚中国力量的楷模,肯定劳动模范对社会所做的贡献,这不仅是国家、社会对于他们工作的认可,更是他们"最美"的证明。劳动模范在他们平凡的岗位上,默默无闻,辛勤劳动,以高度的主人翁责任感、卓越的劳动创造、忘我的拼搏奉献,为全国各族人民树立了光辉的学习榜样,给全社会展现了劳动最美丽的时代形象。习近平总书记指出,劳动模范身上体现的"爱岗敬业、争创一流,艰苦奋斗、勇于创新,淡泊名利、甘于奉献"的劳模精神,是伟大时代精神的生动体现,丰富了民族精神和时代精神的内涵,是我们极为宝贵的精神财富。习近平总书记关于劳模精神的表述,赋予劳动神圣性与崇高性,强调了劳模精神作为精神财富的重要意义,为科学理解和大力弘扬劳模精神提供了正确的方向和指导,有利于在全社会营造"崇尚劳动"的浓厚氛围,树立劳动最美丽的观念。

3. 劳动者永远是最美丽的人

党的十八大以来，被习近平总书记点赞的劳动模范有很多，他们的共同特点就是热爱劳动、辛勤劳动、诚实劳动，在自己平凡的岗位上尽职尽责、淡泊名利、无私奉献。被誉为"最美奋斗者"的黄大年是我国著名地球物理学家，生前任吉林大学地球探测科学与技术学院教授、博士生导师，取得了一系列重大科技成果，为深地资源探测和国防安全建设做出了突出贡献。2009年，黄大年毅然放弃国外优越科研条件和生活，成为东北地区第一位"千人计划"归国者，他承担的"航空探测装备主题项目"和"地球深部探测关键仪器装备研制与实验项目"，短期内突破了国外的技术封锁，填补了国内技术空白。与此同时，他以"为祖国培养人才"为己任，带出了一支"出得去、回得来"的人才队伍。2017年7月，中华全国总工会追授黄大年"全国五一劳动奖章"。习近平总书记对黄大年的先进事迹做出重要指示："（我们要）学习他心有大我、至诚报国的爱国情怀，学习他教书育人、敢为人先的敬业精神，学习他淡泊名利、甘于奉献的高尚情操，把爱国之情、报国之志融入祖国改革发展的伟大事业之中、融入人民创造历史的伟大奋斗之中。"劳动模范以他们的行动谱写了新时代劳动者之歌，是我们学习的楷模。习近平总书记号召全国各族人民都要向劳模学习，以劳模为榜样，发挥只争朝夕的奋斗精神，共同投身实现中华民族伟大复兴的宏伟事业。

劳动最美丽是对所有劳动者根本的价值要求，更是对全社会的价值要求。我们今天所取得的伟大成就，所拥有的一切，无不凝聚着劳动者的辛勤汗水，蕴含着劳动者的牺牲奉献。我们一定要以劳动模范为榜样，爱岗敬业、勤奋工作，锐意进取、勇于创造，不断谱写新时代的劳动者之歌，以奋斗开创明天。

三、培养大学生劳动价值观

（一）大学生树立正确劳动价值观的意义

大学生是社会主义事业的建设者和接班人，肩负着建设国家的使命。培育大学生树立正确的劳动价值观，对大学生形成社会主义核心价值观，促进大学生全面和谐发展，实现高等学校立德树人的教育目标有着重要意义。2018年5月，习近平总书记在北京大学师生座谈会上指出，青年的价值取向决定了未来整个社会的价值取向，并告诫青年，人生的扣子从一开始就要扣好。但是，长期以来，由于学校、家庭、社会等多种因素的影响，当前大学生中存在诸如"轻视劳动""看不起劳动者"等错误的价值观念。如何让大学生树立正确的劳动价值观，能够诚实劳动、辛勤劳动、创造劳动，已成为高等学校教育不可忽视的重要问题。

1. 成为社会主义现代化建设者和接班人的需要

党的十九大报告指出，改革开放之后，我们党对我国社会主义现代化建设做出战略安排，提出"三步走"战略目标。解决人民温饱问题、人民生活总体上达到小康水平这两个目标已提前实现。在这个基础上，我们又实现了在建党一百年时建成经济更加发展、民主更加健全、科教更加进步、文化更加繁荣、社会更加和谐、人民生活更加殷实的小康社会。然后再奋斗三十年，到新中国成立一百年时，基本实现现代化，把我国建成社会主义现代化国家。2018年，习近平在全国教育工作大会上强调，坚持中国特色社会主义教育发展道路，培养德智体美劳全面发展的社会主义建设者和接班人。大学生作为我国社会主义的建设者和接班人，必须树立正确的劳动价值观，将来才能为我国社会主义现代化建设做出重大贡献。

劳动教育是中国特色社会主义教育制度的重要内容，直接决定社会主义建设者和接班人的劳动精神面貌、劳动价值取向和劳动技能水平。长期以来，全国各级各类学校坚持教育与生产劳动相结合，在实践育人方面取得了一定成效。同时也要看到，近年来一些青少年中出现了不珍惜劳动成果、不想劳动、不会劳动的现象。

这种现象的存在必须引起学校教育的重视,这显然不利于决胜全面建成小康社会,长远来看,对我国社会主义现代化建设也是极为不利的。因此,高校亟须加强对在校大学生的劳动教育,引导大学生树立正确的劳动价值观。劳动价值观直接影响到大学生在校期间的学习和生活,正确的劳动价值观会让学生认识到对待学习必须踏踏实实、勤勤恳恳,投机取巧的思想是要不得的。劳动价值观还会影响他们将来走上工作岗位后的价值取向,不正确的劳动价值观会造成他们工作中利益至上的思想,即对自己有利的劳动就去干,无利可图的劳动就远远地躲着。不正确的劳动价值观会使他们在工作中产生拈轻怕重的思想,劳动过程中总是"挑肥拣瘦",缺乏全心全意为人民服务的意识。由此看来,引导大学生树立正确的劳动价值取向,才有利于专门人才的培养,从而推动我国社会主义现代化建设。

2. 促进自身全面和谐发展的需要

2018年,习近平总书记在全国教育大会上强调,党的教育方针是培养德智体美劳全面发展的社会主义建设者和接班人。从劳动教育与品德教育、智力教育、体质教育、审美教育的联系来看,使学生形成正确的劳动价值观、提升劳动技能、锻炼劳动能力、体验劳动之美是高校进行德育、智育、体育和美育的重要内容。就学生的全面发展来说,各类教育都有其自身的规律、特点和功能,同时,它们又相互制约、相互促进,共同构成人的教育的有机整体。值得注意的是,劳动教育独有的育人功能是全面发展的教育体系的重要组成部分,是发展德智体美教育的重要支撑和有力抓手。

对大学生进行新时代的劳动观教育对德育、智育、体育、美育都有着正向的促进作用。劳动观教育具有融通性,劳动价值观、劳动态度的培育属于德育的内容,劳动精神、劳动习惯的养成是智育和体育的重要内容,学生在劳动观教育过程中可以体验到对美的追求,在劳动中增强体魄、磨炼意志、提升人格品质,实现以劳树德、以劳增智、以劳健体、以劳育美的目标。

3. 实现美丽青春梦想的需要

无论是个人的梦想,还是社会发展的梦想,都只有通过辛苦劳动、诚实劳动、创造性劳动才能够实现。只有依靠劳动,我们才能在这个世界上获得存续与发展,在进行劳动实践的过程中,与世界发生关系,实现自己的梦想。可见,劳动才是现实与梦想之间的桥梁和中介。从国家层面,坚持科教兴国战略、人才强国战略、创新驱动发展战略,充分调动广大劳动者积极性、主动性、创造性,不断拓展人才成长空间,塑造一支有理想、有智慧、有技能、会创新的高素质劳动者队伍;从个人层面将个人梦想与国家梦想紧紧相连,把人生理想、家庭幸福融入国家富强、民族振兴的伟大事业,形成"干一行、爱一行、专一行、精一行"的社会风尚,我们就能够让一切劳动与创新的活力竞相迸发,让一切创造社会财富的源泉充分涌流。

  大学生正处于人生中最为美好、最有激情、最有活力的重要阶段,也是敢于有梦、勇于追梦、勤于圆梦的关键时期。梦想有了,如何实现?"天上不会掉馅饼",大学生青春梦想的实现唯有靠勤奋不辍、持之以恒的劳动。第一,脑力劳动与体力劳动相结合。大学生的主要任务是学习科学文化知识,学习常常以师生在教室进行课堂教学方式进行,这种以脑力劳动为主的劳动方式让人的神经系统得到了锻炼,而其他方面没有得到有效的发展,久而久之,会造成人的片面发展。而体力劳动则是对脑力劳动的有效补充,让人身体的运动系统、骨骼系统、肌肉系统等都得到很好的发展。第二,理论学习与实践锻炼相结合。当前很多高校普遍存在重理论轻实践现象,但将来大学生会参加社会劳动,二者都很重要。大学生在校学到的更多是书本上的理论知识,但要做到学以致用,就必须到实践中去进行检验和提高,要经常性地参加实习实训勤工俭学和其他社会实践活动。第三,自我服务与公益劳动相结合。就其内涵而言,自我服务包括个体性自我服务和群体性自我服务。个体性自我服务是大学生依靠自身劳动完成个人日常生活卫生事宜;群体性自我服务是通过大学生自我群体完成学习和生活中的简单劳动,比如,教室、宿舍、实验室、图书馆等场所的卫生打扫和整理。目前,我国高校普遍实行高校后勤社会化,校内留给学生劳动的机会并不多见。在此背景下,大学生可以尝试积极参与公益劳动,以增强动手操作能力,培养吃苦耐劳、勤俭节约的品质。将服务性公益劳动与个体性自我服务结合起来,有利于大学生形成正确的劳动价值观。

4. 形成积极向上就业创业观的需要

  毕业生就业率是高校就业质量的一项重要指标,也是衡量学校办学水平的一项重要指标。当前,大学生的就业观令人担忧,大学生们尚未形成积极向上、实事求是的就业观念。2019年,我国高校毕业生规模达到了834万人。2019年,中国青年网校园通讯社对全国381所高校大学生的调查结果显示：55.91%的大学生选择考研，选择直接就业的比例为28.87%，这也是近年来我国考研热的真实写照；在大学生就业地点选择方面，70.34%的大学生选择去一二线城市工作，选择三线以下城市的比例为4.20%，选择去中西部人才急需地区的仅占3.67%，大城市倾向非常明显，人才流向极度不平衡；在薪资期待上，80%以上的大学生期望月薪在5 000元以上，其中39.11%的大学生期望月薪在5 000—8 000元之间，27.82%的大学生期望月薪在10 000元以上，薪资期待高是另外一种倾向；在择业观念上，80%以上的大学生选择先就业后择业的策略，当对初次就业的工作感到不称心时，84.51%的大学生表示会"边干边寻找合适的工作"。上述调查结果表明，大学生在就业观方面普遍存在追求高学历、高工资、大城市现象，因此亟须对大学生进行正确的劳动价值观教育。

　　大学生毕业后的就业创业选择不仅影响其自身的发展和价值实现，也关系到千万个家庭的生活前景和幸福期待，尤其是来自农村家庭或贫困家庭的大学生，他们身上更是寄托着一个家庭甚至是一个家族的希望和梦想。引导大学生树立正确的劳动价值观，有利于促进大学生在大学阶段形成积极向上的就业创业观。比如，在继续深造和实现就业之间需要科学判断，并不是说学历越高就越容易就业，有的专业本科或专科更容易就业；也并不是说所有人都适合考研，读研意味着毕业后更多地从事科研工作。当国家建设需要和个人价值实现出现矛盾的时候，应当首先考虑国家建设需要，而不是置国家需要于不顾去考虑个人利益，应该有大局意识。当所学专业与就业岗位并不完全匹配的时候，大学生应当加强学习，努力适应并胜任工作岗位，而不是迅速辞掉工作。当客观现实与主观认知产生分歧的时候，比如是否一定要坚持去一二线城市工作？是否低于某一工资水平的工作就不要？是否一定要找个大公司大企业的工作？大学生需要立足现实，重新进行自我评估，并做出合理明智的选择。当就业和创业机会摆在面前的时候如何做出取舍，需要充分考虑创业前景、创业政策、社会关系、家庭背景、个人能力等多重因素，然后做出合适的选择。可见，大学生只有在大学阶段形成正确的劳动价值观，形成积极向上的就业创业观，才会在就业创业选择时做出理性选择。

● 翻转课堂

以班级为单位,全班同学一起设计一项公益劳动,如:为学校附近的居民小区送快递、修理学校的体育器材、清扫学校的某块区域等。全班同学一同参与该项公益劳动。公益劳动结束之后,请每位同学对劳动任务的设计与开展情况以及劳动结果进行反思,并把反思结果填入下表。

反思内容	观点
公益劳动的主题是什么？	
你承担了哪些任务？	
你是否全力以赴地完成了自己的任务？在同学需要帮助的时候,你是否积极主动地给予了帮助？	
你认为此次活动是否达到了预期的目标？	
你认为还有哪些地方需要改进？	
此次活动中,你最大的收获是什么？	

填写人:_____　　　　　日期:____年____月____日

（二）大学生树立正确劳动价值观的路径

培育深厚的劳动情怀、树立正确的劳动价值观对当代大学生培育践行社会主义核心价值观、实现青春梦想、形成正确的就业创业观、提升抗挫折能力、培养社会责任感具有重要意义。

1. 尊重劳动：常怀感恩之心

劳动者都在靠自己的本领"吃饭"，他们在或体力，或脑力，或脑体结合方面，都耗费了一定的精力，而且都对社会的发展进步起到了积极的推动作用。

我国每一次重大任务的完成和重大斗争的胜利，无不凝聚着劳动者的心血与汗水。举世瞩目的红旗渠工程，是当年30万林县（今林州市）人民在极其险恶的环境下，通过10年苦战，在悬崖峭壁上，用双手一锤一铲开凿出来的；在抗击新冠肺炎疫情的斗争中，是无数医务工作者、疫情防控人员用一往无前、舍生忘死的拼搏，遏制了疫情的蔓延，挽救了成千上万人的生命。在这些劳动者中，有蜚声海外的专家，有攻坚克难的军人，还有任劳任怨的干部职工和社区工作者，是他们在人手紧缺、物资告急、人民需要的时候，用责任担当和辛勤劳动筑起了一道道守护生命的坚实屏障。

正是每一个劳动者在各行各业的岗位上尽心尽责、辛勤劳动，才让整个社会物质充裕、运转有序、共享幸福。劳动者，在创造幸福的同时，也在带给他人以幸福。我们应常怀感恩之心，尊重我们身边的每一位劳动者，尊重每一份平凡普通的劳动。

2. 热爱劳动：人生幸福据点

"人生两件宝，双手和大脑，一切靠劳动，生活才美好。"这是我国著名教育家陶行知对劳动的生动解说。劳动不仅是人类文明进步的源泉，还是打开幸福之门的钥匙，通过劳动，人类从森林走向陆地，从远古走向现代文明，从食不果腹走向"吃好穿美"。

幸福不是免费午餐，幸福不会从天而降。劳动的意义在于帮助我们满足生存的物质需要，更重要的是，劳动能帮助我们完善内心、完成自我实现。劳动，不仅为我们幸福的实现提供了物质条件，而且劳动过程本身就是一种幸福体验。

同时，我们也要认识到：对于劳动，如果乐而为之，心中的直接体验是愉快的；如果是强迫自己干的，直接体验就是不愉快的。什么样的劳动能产生积极的愉快的体验呢？"仁者乐山，智者乐水"，你乐什么呢？什么样的劳动能让你产生愉悦，这需要你结合自己的情感和需要去探索、去发现，如果你找到这样让你感到愉快的事情，那就坚持下去。

此外，劳动不仅能为个人创造美好生活，也能给社会创造更多价值。身处新时代，我们应该热爱劳动,让劳动成为我们的人生幸福的源泉,同时实现自己的时代担当。

3. 践行劳动:奋斗的青春最美丽

青春是什么?有人说青春就像是一场情窦初开时的初恋,青涩短暂却又刻骨铭心;有人说青春可以用"三次冲动"来形容,一次是奋不顾身的爱情、一次是说走就走的旅行、一次是全力以赴的梦想;还有人说青春就像是去淋雨,明知道会感冒,却还想再来一次。对于青春,"一千个读者,就有一千个哈姆雷特",而梦想与奋斗无疑是青春的最美注解。

奋斗是青春的底色。没有哪一代人的青春是容易的。生活的压力、工作的焦虑、成功的渴望,让我们同样有着"成长的烦恼"。怨天尤人、消极颓废、得过且过不是解决问题的办法,踏实肯干、敢于付出、艰苦奋斗才是。中山大学博士生韦慧晓投身军旅,成长为我国海军首位女副舰长,在万里海疆书写无悔青春;常州技师学院学生宋彪顶着40℃的高温在车间日复一日苦练,斩获世界技能大赛最高奖……无数这样的年轻人,以奋斗成就出彩人生。

有人说:"世界上有两种光芒最耀眼,一个是太阳,另一个就是你努力的模样。"青年时代,只要有那么一股中流击水的劲头,有那么一股以梦为马的激情,奋斗就将成为实现梦想的阶梯、走向未来的桥梁。

探究分享

"垃圾分类,校园先行"主题活动

1. 活动目的

通过宣传垃圾分类的意义、垃圾分类的具体做法,引导同学们正确进行垃圾分类,保护环境。

2. 活动内容

① 校园的垃圾桶分为"可回收垃圾""有害垃圾""厨余垃圾"和"其他垃圾",在垃圾桶的外侧分别贴上日常垃圾的分类情况,引导同学们将垃圾分类处理。

② 制作垃圾分类知识卡片在校园内分发，在宿舍园区宣传垃圾分类知识，让每个宿舍的成员有意识将垃圾分类处理，可回收的单独放置，不可回收的及时送垃圾中转站。

3. 活动过程

① 统计本寝室每天产生的生活垃圾，并进行分类。

② 学生在寝室或到校园分类投放垃圾。

③ 搜集有关垃圾处理、分类的资料，开展问卷调查，了解师生们的环保意识。

④ 以小组为单位，结合调查收集的相关资料，在学校开展一次垃圾分类的宣传活动，让更多的人了解垃圾分类的意义。

4. 活动总结与思考

专题三
劳动精神传承

在职场中,什么样的人能够脱颖而出?什么样的人最受青睐?答案肯定是具有劳动精神的人。劳动精神是人们必备的品质修养,也是现代企业录用人才时的第一标准。企业想要变强大,个人想要变得逐渐优秀,都离不开劳动精神。

拓展资源

课前导入

刘传健：完成"史诗级"备降的英雄机长

在9 800米的高空，飞机挡风玻璃突然爆裂脱落，在瞬间失压，驾驶舱温度只有-40℃的生死关头，退役军人、机长刘传健沉着果断处置险情，靠毅力掌握操纵杆，最终成功备降，确保了机上128名机组人员和乘客的生命安全。

2018年5月，这一被称为"民航史奇迹"的川航备降事件引发全球关注。机长刘传健也因在事故处置中的出色表现，被授予"中国民航英雄机长"称号，机组全体成员被授予"中国民航英雄机组"称号。2018年9月30日，刘传健和机组成员受到习近平总书记亲切接见。对于社会各界的盛赞，刘传健总是说："这份荣誉属于中国民航。"在接受四川新闻网记者采访时，刘传健表示："我觉得只要在平凡的岗位上做出不平凡的工作，都是英雄。"

1991年，19岁的刘传健光荣入伍，成为一名驰骋蓝天的空军飞行员。2006年，他从空军第二飞行学院退役，加入四川航空股份有限公司，遇险前已安全飞行1.3万多小时。自成为飞行员的那一天起，刘传健就始终牢记确保飞行安全这一最高职责，安全纪录保持良好，未发生过一起人为原因导致的不安全事件。作为部队出身的资深飞行教员，刘传健的言行举止都散发着军人严谨、刚毅、沉稳的气质。关键时刻，他敢于挑战飞行极限，勇当国家财产、人民生命的守护者。

——新华网，2019年1月12日，有修改

思考：

结合上述材料，你认为劳动精神包含哪些内容？在日常生活中如何提升自己的职业精神？请把你的想法写在下面的框里。

一、学习劳动精神

人无精神不立,国无精神不强。从本质上来说,劳动精神具有很强的导向和激励作用,是人类社会发展的力量源泉。党的十八大以来,习近平总书记多次围绕弘扬劳动精神进行了极为深刻的阐述,为新时代推进劳动教育提供强大的思想引领。深刻把握劳动精神的本质,弘扬劳动精神,弘扬我国工人阶级和广大劳动群众的品格,是我们实现"两个一百年"奋斗目标的有力保障。

(一) 劳动精神的内涵

学界对劳动精神的内涵有着多种多样的解释。从教育的维度上看,有学者认为劳动精神是全体劳动者共同的精神财富。劳动精神是对广大劳动者劳动实践的高度肯定与科学总结,是人类为了自身的幸福而不懈努力奋斗的实践结晶。从历史的维度上看,新时代劳动精神有着丰富的内涵。新时代劳动精神不仅在内容上继承发展了马克思主义劳动价值观和中华民族优秀的劳动观念,还彰显了"辛勤劳动、诚实劳动、创造性劳动"的新理念,倡导"劳动光荣、技能宝贵、创造伟大"的时代风尚,生成了一种"劳动者至上、劳动者平等、劳动者可敬、劳动最光荣、劳动最崇高、劳动最伟大、劳动最美丽"的劳动观。也有学者认为,劳动精神是每一位劳动者为创造美好生活而在劳动过程秉持的劳动态度、劳动理念及其展现出的劳动精神风貌。党的十八大以来,习近平总书记关于劳动和劳动精神的系列重要讲话是我们正确理解劳动精神的重要依据,也是大力弘扬劳动精神的重要参考。

简而言之,劳动精神是劳动者在劳动中展现的精神状态、精神面貌、精神品质。然而,从单一维度难以精确界定劳动精神的内涵与本质,需要从不同维度入手,尽可能客观地来判断。综合来看,劳动精神体现为三种精神的立体融合:一是勤劳勇敢、爱岗敬业、诚实守信的实干精神;二是锐意进取、建功立业、甘于奉献的奋斗精神;三是精益求精、严谨专注、追求卓越的创新精神。

(二)弘扬劳动精神的时代意义

1. 劳动精神的时代写照

伟大的时代呼唤伟大的精神,伟大的精神推动伟大的事业。改革开放40多年以来,我们党以无坚不摧的改革精神,坚持与弘扬劳动精神,带领全国各族人民解放思想、开拓进取;我们党以无往不胜的开放决心,领导全国各族人民锐意进取、铸就辉煌。特别是党的十八大以来,中国共产党人有步骤谋划国家富强,有章法推进实干兴邦,有计划实现民族兴旺,彰显大智慧,大格局、大手笔。

改革开放熔铸劳动精神。"天行健,君子以自强不息;地势坤,君子以厚德载物。"中国人民具有伟大梦想,中华民族充满变革和开放的勇气。改革开放以来,我们党团结带领人民进行的这场"新的伟大革命",使党和国家从危难中重新奋起。40多年来,中华儿女以"敢为天下先"的豪情,把不可能变成了可能,创造了改变中国、影响世界的人间奇迹;40多年来,中华民族以"改革不停顿、开放不止步"的执着,闯出了一条新路、好路,实现了从"赶上时代"到"引领时代"的伟大跨越。今天,改革开放作为"关键一招",使中华民族以崭新姿态屹立于世界的东方,对人类文明进步做出了重大贡献。伟大的劳动精神,是我们推进各项事业发展的前进动力,是国民思想观念深刻变化的力量源泉,更是中华民族精神的丰富和发展。

劳动精神成就改革开放。改革开放是我们党的一次伟大觉醒,正是这个伟大觉醒催生了伟大创造;改革开放是我们党的一次伟大革命,正是这个伟大革命促成了伟大飞跃。改革开放使人民的思想观念焕然一新,敢为人先、勇于探索、不断创新、攻坚克难等精神品质已内化为国民品格,成为促进改革、推动发展、孕育伟大创造的动力之源。40多年来,在我们党的领导下,中华儿女肩负使命、矢志不渝,涉险滩、爬陡坡、啃硬骨头、攀高峰,一次次在逆境中奋起,一次次在绝境中重生。人民的活力和创造力不断汇聚成改革开放的洪荒之力。"中国高铁""中国芯""中国制造""中国桥"……越来越多的词打上"中国"印,一张张享誉世界的中国名片,是一个个生动的改革开放实践,是一次次伟大的改革开放探索,体现了我们解放思想、实事求是的大理念,不破不立敢闯敢试的大革新,知难而进、迎难而上的大无畏,成就了伟大的中国奇迹。

2. 劳动精神的实践真谛

幸福都是奋斗出来的,新时代是奋斗者的时代。实现中华民族伟大复兴的中国梦,离不开全国各族人民的劳动创造。从实践的维度来看,传承与弘扬劳动精神,热爱劳动,勤恳劳动,是中华民族延续千年、不断进步的历史基因,更是中华文明生生不息、不断发展的价值意蕴。始终保持干劲,发扬劳动精神,是新时代坚持和发展中国特色社会主义的必然要求,更是激励全体劳动者不懈奋斗的强有力的精神力量。

为劳动者体面劳动、全面发展提供思想引领。劳动精神是这个时代极为有力的思想感召。当前,改革开放进入深水区,全面建成小康社会、脱贫攻坚进入决胜期,我们还有诸多难啃的硬骨头、难涉的险滩,需要我们传承砥砺奋进的劳动精神,以勤劳浇灌幸福之花。从根本上说,坚持和发展中国特色社会主义是一项极其艰巨的历史使命,任务重大,长期复杂,需要我们不断进行更多的具有新的历史特点的伟大斗争。从另一个维度看,党和国家的伟大事业给每一位劳动者提供了巨大的展现平台和发展空间,只要我们有足够的志气和闯劲,任何一位劳动者都可以在这一广阔的舞台上实现自己的人生价值,共享精彩人生。因此,我们必须要以劳动精神做引领,团结所有劳动者的力量,调动他们的积极性与创造性,奋力开拓新时代的华美篇章。

为劳动者体面劳动、全面发展注入不竭动力。砥砺奋进、劳动筑梦是新时代全体劳动者的实践主题,也是劳动者实现自我价值的主基调。劳动精神是新时代全体劳动者投身中国特色社会主义事业发展的不竭动力,只有让劳动精神焕发光彩,才能推动我们伟大的社会主义事业日新月异,不断发展。只有让劳动精神照亮劳动者的前进步伐,我们才能用双手创造更加美好与灿烂的未来。因此,我们要用劳动精神凝聚起强大的发展合力,引导全体劳动者心往一处去,劲往一处使,齐心协力,形成无坚不摧的强大动力。

为劳动者体面劳动、全面发展提供思想保障。每一个时代都有每一个时代的难题,每一个时代都有每一个时代的困境。在新时代,我们的劳动者所面临的劳动环境空前复杂,影响劳动者自身发展的因素也是复杂多变的。可以说,劳动精神是确保每一位劳动者永葆强大战斗力的重要保障。要持续推进中国特色社会主义伟大事业不断向纵深发展,必须要大力弘扬劳动精神,让全体劳动者在劳动创造中贡献智慧与力量。这就需要我们的劳动者不断克服好逸恶劳等不良倾向,用劳动精神浸润整个社会的劳动风气。

为劳动者体面劳动、全面发展树立价值导向。我们要在全社会大力弘扬劳动精神,提倡通过诚实劳动来实现人生的梦想、改变自己的命运,反对一切不劳而获、投机取巧、贪图享乐的思想。弘扬劳动精神,可以引导广大劳动者树立正确的劳动观,引导全社会崇尚劳动、尊重劳动。弘扬劳动精神,能为劳动者实现体面劳动、全面发展提供强劲合力。

(三)劳动精神的培育

中华民族伟大的劳动精神,极大地丰富了民族精神内涵,极大地提升了中华民族精神的境界,极大地增强了中华民族伟大复兴的信念,成为当代中国人民最鲜明的精神标识。

1. 原则:劳动精神的本质遵循

中国特色社会主义进入新时代,劳动精神既传承了以往时代的共同点,又展现出新的内涵和实践指向,比如,创新创造、艰苦奋斗等。充分发挥劳动精神对实现中华民族伟大复兴的支撑与引领作用,关键在于超越劳动精神本身,让我们党成为更加坚强的掌舵者,让广大人民群众成为劳动的主角,让创新成为驱动发展的引擎。

必须牢牢坚持党对一切工作的领导这个根本要求。在党的领导下继承和弘扬好敢闯敢试、敢为人先的劳动精神。拿出拼劲、闯劲、韧劲和巧劲,积极先行先试,

"逢山开路、遇水架桥",敢于担当、敢于作为,闯出一条跨越式发展的新路子。同时,我们要进一步增强辩证思维,要大胆闯,并不是盲目闯,将敢闯敢试和蹄疾步稳结合起来。

必须牢牢把握创新这个根本动力。在中国这样一个有着悠久文明、众多人口的大国推进改革发展,没有可以奉为金科玉律的教科书,也没有可以对中国人民颐指气使的教师爷。在实现中华民族伟大复兴的伟大征程中,没有现成的经验可循,需要我们拿出极大的勇气和胆量,敢于创新、勇于创新、善于创新,必须继承和弘扬好勇于探索、不断创新的劳动精神。

必须牢牢抓住以人民为中心这个根本主旨。人民幸福、民族复兴是我们党奋斗的初心与使命。面对现实的问题和困难,我们不能畏惧,更不能退缩,否则将影响整个民族复兴事业的发展,影响人民对美好生活向往的奋斗目标的实现。必须继承和弘扬迎难而上、攻坚克难的改革开放精神,树立壮士断腕、扭转乾坤的勇气,敢于刀刃向内、进行自我革命,敢于啃硬骨头,敢于涉险滩,敢于向积存多年的顽瘴痼疾开刀,破字当头、迎难而上,从而激发各方面的发展活力,让人民群众不断有更多的获得感。

2. 内省:劳动精神的时代解锁

马克思从劳动发展史中找到了人类社会发展史的密钥,由此也创造性地发现了唯物史观和剩余价值论两大理论成果,因此,他将劳动喻为"太阳",社会围之旋转。也就是说,劳动是人类最为本质的活动,离开劳动者的劳动,人类将难以生存,社会将难以运转。可以说,在马克思主义理论中,劳动的基础性、本源性地位尤为突出。劳动不是"动一动",也不是"当一天和尚撞一天钟",更不是"一动不动"。当前,仍然有不少人认为劳动,特别是体力劳动"没出息"。越来越多的人借助于投机性和偶然性的收入实现了财富累积,动摇了劳动精神的现实根基,直接影响到经济社会的发展后劲。从国际来看,劳动精神也遭遇现实挑战。比如,20世纪80年代以来,欧美国家金融业畸形发展,超高的收益率将人才从各行各业吸引到投机事业和所谓"金融创新"之中,导致了美国次贷危机和全球金融危机;而日本,经历了著名的泡沫经济之后,将大量资源投入虚拟性、娱乐性领域,不仅导致经济停滞,还造成一代人精神的沉沦。

我们应如何正确看待劳动精神呢?工作仅仅是一种养家糊口的工具吗?如此

解读有何偏差？尽管我们常说，劳动没有高低贵贱之分，任何一份职业都很光荣。但是在现实生活中，一些人在有意无意地曲解劳动精神，认为当今现代科技彻底融入生活，诸多劳动被取代，所谓的劳动精神早已经"过时了"。学生的劳动由家长代劳的现象屡见不鲜，甚至还有不少人花钱请人代劳。还有些人将收入高低作为评判职业高低的重要依据，这些人热衷于追求财富、地位、权势，曾经火遍网络的"宁愿在宝马车上哭，也不愿在自行车上笑"或许就是其最典型的例证。正是这种对劳动精神的错误解读，影响了人们树立正确的观念。虽然，当前一些人在解读劳动精神上出现较多的偏差，但是这并不代表所有人的价值取向。与此同时，我们绝不能对曲解劳动精神的现象听之任之，必须加以重视。这需要我们进行深刻的内省与反思。从单纯的创造财富来讲，一个农民所创造的财富值可能低于一个高级白领。然而，从整个社会价值来看，农民的劳动为我们提供了基本的生存条件，为其他生产活动提供了基础。没有千千万万农民的付出，我们用的产品原材料从哪里来？诸如此类，劳动没有高低贵贱，有的只是分工不同。事实上，尊重与热爱是劳动精神最为重要的核心价值，我们每一个人要打破思维定式，走出误区，重塑劳动的崇高地位。

3. 回归：劳动精神的培育路径

从本质上来说，劳动是人类社会进步与发展的根本推力。在新时代，劳动精神的内涵仍在不断地延伸。从某种程度上看，培育劳动精神，就是让劳动回归本质。在这里，重点从劳动文化、劳动人格、劳动地位三个方面找寻劳动精神的培育路径。

劳动文化的重建。一是对现有错误的劳动观念进行地毯式的清理，让劳动文化成为校园文化、社会主义先进文化的主流。二是树立典型，发挥示范作用，让各学段老师成为劳动教育的先锋，发挥劳动榜样的表率作用，在潜移默化中培育劳动精神。三是有计划地组织开展劳动实践活动，让劳动课成为广大学生的必修课程，让劳动文化成为一种精神标识，让文化活动成为劳动教育的重要载体。鼓励各学校设立"劳动文化节"，开展更加丰富多彩的劳动实践教育活动，寓教于文、寓教于乐。

劳动人格的重构。走出重智育、轻劳育的思想误区，通过劳动塑造孩子完美的、健康的人格。一是从小抓起，树立正确的劳动观和价值观，家长和学校要树立劳动塑造人格的教育观念。比如，利用孩子的好奇心理，引导他们参与劳动，从小培养孩子热爱劳动的习惯。二是家校协同,教育不仅是学校和老师的事,更是学生家庭的事,家长必须要同学校高度协同配合,通过劳动塑造孩子的人格。三是建立各类劳动实践活动兴趣小组,引导学生群体团结协作,共同劳动。

劳动地位的重塑。为贯彻尊重劳动、尊重知识、尊重人才、尊重创造的重大方针,全社会都要以辛勤劳动为荣、以好逸恶劳为耻,任何时候任何人都不能看不起普通劳动者,都不能贪图不劳而获的生活。我们在实践中,一是要分类开展系列先进劳动者评选与奖励活动,全方位提升先进劳动者的社会地位。二是要大力宣传先进劳动者的先进事迹,让平凡而伟大的劳动者得到全社会的认同与尊重。可以围绕先进劳动者先进事迹开展影视、文学等系列创作,让尊重劳动、崇尚劳动成为全社会的时尚风气。

拓展阅读

中国历史上的"劳动节"

史载,从唐代开始,农历二月二日被定名"耕事节"或"劳农节"。当日皇帝要亲率百官到田间劳作,农民则被要求携带扎着红绸布的农具下地耕播。

明代永乐年间,为规范皇帝亲耕,京城里特地修建了先农坛,圈划出一亩三分田地供皇帝专用。清代雍正皇帝还在圆明园西南隅专设"一亩园",以便自己无暇分身时就近亲耕。这里顺便说一句:在17世纪、18世纪席卷欧洲大陆一百多年的"中国热"中,法国皇帝路易十五听从有"欧洲孔子"之称的法国重农学派代表人物弗朗斯瓦·魁奈的建议,于1756年在巴黎城郊效仿中国皇帝下田劳作,实施了"亲耕"。清代《皇帝耕田图》在绘制皇帝亲耕场景的空白处题写道:"二月二,龙抬头,天子耕地臣赶牛,正宫娘娘来送饭,当朝大臣把种丢,春耕夏耘率天下,五谷丰登太平秋。"清政府还明文规定:"凡七十以上耕者,免赋税杂劳,劳农节赏绢一匹,棉十斤,米一石。"

中国农历二月二日帝王臣民于天雨欲降时节到田间共同劳作,表达的不仅是崇尚和提倡劳动的理念,还体现出了天、地、人合一协作的内涵;官府给予劳动者福利,实则为了鼓励广大劳动者继续努力,做出更大贡献。这就是我国延续了千年的古代"劳动节"。

——《北京晚报》,2019年4月26日,有修改

二、弘扬劳模精神

（一）劳模的内涵及产生

1. 劳模的内涵

"劳"，即劳动，这是劳模的前提和基础；"模"，体现了一种"示范"和"楷模"的价值导向，这是劳模的荣誉和意义所在。顾名思义，劳模是劳动模范的简称，而模范又是值得人们学习或取法的榜样。所以，劳模是指在劳动方面值得人们学习或取法的榜样，是在社会主义建设事业中成绩卓著的劳动者，是经民主评选，有关部门审核和政府审批后被授予的荣誉称号。劳动模范分为全国劳动模范与省、部委级劳动模范，有些市、县和大型企业也评选劳动模范。中共中央、国务院授予的劳动模范为"全国模范"，是我国最高的荣誉称号之一。

劳模是民族的脊梁、国家的栋梁、社会的中坚、人民的楷模，劳模是时代的先锋。劳动模范凭借劳动成为人们学习、尊重的榜样，正是全社会响应"劳动最光荣、劳动最崇高、劳动最伟大、劳动最美丽"伟大号召的具体体现。

2. 劳模的产生

早在土地革命时期，中央苏区就已开始树立各类劳动模范，抗战爆发后，随着大生产运动的开展而发起劳模运动。新中国成立后，树立劳模的做法被进一步制度化，这在社会主义建设事业中发挥了重要的作用。

1934年，毛泽东就做过关于劳模工作的论述，他指出，提高劳动热忱，开展生产竞赛，奖励生产战线上的成绩卓著者，是提高生产的重要方法。

1945年，毛泽东在陕甘宁边区劳动英雄和模范工作者大会上讲话，他说："你们有三种长处，起了三个作用。第一个，带头作用。这就是因为你们特别努力，有许多创造，你们的工作成了一般人的模范，提高了工作标准，引起了大家向你们学习。第二个，骨干作用。你们的大多数现在还不是干部，但是你们已经是群众中的骨干，群众中的核心，有了你们，工作就好推动了。到了将来，你们可能成为干部，你们现在是干部的后备军。第三个,桥梁作用。你们是上面的领导人员和下面的广大群众之间的桥梁,群众的意见经过你们传上来,上面的意见经过你们传下去。"

1950年,在首届全国性的劳模表彰大会上,毛泽东对劳模给予了明确定位:"你们是全中华民族的模范人物,是推动各方面人民事业胜利前进的骨干,是人民政府的可靠支柱和人民政府联系广大群众的桥梁。"

在革命战争年代,"边区工人一面旗帜"赵占魁、"兵工事业开拓者"吴运铎、"新劳动运动旗手"甄荣典等劳动模范,以新的劳动态度对待新的劳动,积极参加义务劳动,全力支援前线斗争,带动群众投身中国共产党领导的人民解放事业。

新中国成立后,"高炉卫士"孟泰、"铁人"王进喜、"两弹元勋"邓稼先、"知识分子的杰出代表"蒋筑英、"宁肯一人脏、换来万人净"的时传祥等一大批先进模范,响应党的号召,带动广大群众自力更生、奋发图强。王进喜以"宁肯少活20年,拼命也要拿下大油田"的气概,带领石油工人为我国石油工业发展顽强拼搏,"铁人精神""大庆精神"成为激励各族人民意气风发投身社会主义建设的强大精神力量。

在改革开放历史新时期,"蓝领专家"孔祥瑞、"金牌工人"窦铁成、"新时期铁人"王启明、"新时代雷锋"徐虎、"知识工人"邓建军、"白衣圣人"吴登云、"中国航空发动机之父"吴大观等一大批劳动模范和先进工作者,干一行、爱一行、钻一行、精一行,带动群众锐意进取、积极投身改革开放和社会主义现代化建设,为国家和人民建立了杰出功勋。

3. 劳模的评选

劳模的产生必须坚持公开、公平、公正的原则,自下而上、层层选拔、标准严格、好中选优。每个时代的劳模都有深厚的时代特征和鲜明的时代价值追求,因此,劳模的评选标准也是与时俱进的。

1941年陕甘宁边区总工会颁布的《奖励劳动者办法》曾规定,模范劳动者须具备下列条件:工作上能遵守劳动纪律,节省原料、爱护工具;技术优良、超过个人生产计划;出品质量精美;在技术上有特别的发明与贡献。可见,在革命年代对劳模的评选就已经有了劳动纪律、劳动态度、劳动技能、劳动质量、劳动技术的相关要求。

根据《关于做好2020年全国劳动模范和先进工作者评选表彰工作的通知》,在经济建设、政治建设、文化建设、社会建设、生态文明建设和党的建设等方面做出重大贡献,取得突出成绩的工人、农民、科教人员、管理人员、机关工作人员及其他社会各阶层人员都可以参评劳模。全国劳动模范和先进工作者必须热爱祖国,坚决拥护中国共产党的领导和社会主义制度,高举中国特色社会主义伟大旗帜,认真执行党的路线方针政策,模范遵守党纪国法,增强"四个意识"、坚定"四个自信"、做到"两个维护",在本职岗位上奋发进取、拼搏奉献,以永不懈怠的精神状态和一往无前的奋斗姿态,积极为实现中华民族伟大复兴的中国梦贡献力量,在群众中享有较高威信,一般应获得过省部级表彰奖励,并在中国特色社会主义建设的某一方面做出突出贡献。

(二)劳模精神的内涵及时代价值

1. 劳模精神的内涵

劳模精神根本上是一种人文精神,既体现了马克思主义劳动观的本质,又体现了时代先锋的先进性,是推动劳动向前发展的重要精神力量。劳模精神的实质就是通过勤奋、诚实、智慧的劳动为人民创造美好幸福的生活,为国家开创崭新富强的局面,为民族谋求振兴进步的精神。劳模精神代表的是一个时代的价值观、道德观,展示的是中华民族热爱祖国、艰苦奋斗、顽强拼搏、自强不息、改革创新的民族情怀和国家精神。

纵观劳模事迹,虽然每一个时期的劳模都具有不同的时代特点,但他们都有着共同的精神特质,那就是以赤诚之心、辛劳之力、创造之功,在自己的岗位上为企业、为社会、为国家做出了杰出贡献,他们以平凡的劳动创造了不平凡的业绩,他们都是坚持中国道路、弘扬中国精神、凝聚中国力量的楷模。

长期以来,广大劳模以高度的主人翁责任感、卓越的劳动创造、忘我的拼搏奉献谱写出一曲曲可歌可泣的动人赞歌,为全国各族人民树立了光辉的劳动榜样,铸就了令人钦佩的劳模精神。"爱岗敬业、争创一流,艰苦奋斗、勇于创新,淡泊名利、甘于奉献"的劳模精神,是工人阶级伟大品格的具体体现,生动诠释了社会主义核心价值观,丰富了民族精神和时代精神的内涵,是激励全国各族人民团结奋斗、勇往直前的强大精神力量。

"爱岗敬业、争创一流"的劳动态度。爱岗敬业反映的是劳动者对待自己职业的一种态度，也是一种内在的道德需要。它体现的是从业者热爱自己的工作岗位、对工作极端负责、敬重自己所从事职业的道德操守，是劳动者对工作勤奋努力、恪尽职守的行为表现。争创一流是指劳动者追求更高的劳动效率、劳动质量的一种进取的职业精神。劳模们在各自岗位上努力追求一流的技术水平，干出了一流的工作业绩，达到了一流的工作效率，正因为劳模们具有勇于攀登、不甘落后的精神力量，才会在某一领域里取得骄人成就，这也是劳模受到全国人民的尊重和爱戴的主要原因。

"艰苦奋斗、勇于创新"的劳动习惯。艰苦奋斗精神是中华民族的优良传统。一勤天下无难事，人间万事出艰辛；越是美好的未来，越需要我们付出艰辛努力才能实现。艰苦奋斗是一种不怕艰难困苦，奋发图强，艰苦创业，为国家和人民的利益乐于奉献的英勇顽强的斗争精神。全国劳动模范徐虎是上海房管行业的一名普通水电工，他十几年如一日，坚持夜间开箱为人民服务，饿着肚子，放弃休息，不怕苦不怕累，为广大居民排忧解难，得到人民群众的一致赞扬。徐虎的这种不怕苦、不怕累的精神，就是一种艰苦奋斗的精神。勇于改革，善于创新是时代精神的体现。在劳动中要树立敢于突破陈规、大胆探索未知、勇于创新创造的思想观念，在实践中有直面困难的勇气，有突破难关的精神，才能锐意进取，奋力前行。

"淡泊名利、甘于奉献"的劳动品德。淡泊名利，意为轻视外在的名声与利益，这是人生价值的具体体现。中国原子弹之父邓稼先放弃优厚的国外生活，毅然回国隐姓埋名28年，在条件艰苦的戈壁滩从事原子弹研究。包括邓稼先在内的"两弹一星"研制人员正是怀着淡泊名利、甘于奉献的精神，才成就了一件件大国重器的横空出世。"得其大者可以兼其小"，个人只有做到"淡泊名利"才能"宁静致远"，只有把人生理想融入国家和民族的事业中，才能最终成就一番无悔的事业。奉献社会就是要求劳动者在自己的工作岗位上勤勤恳恳、兢兢业业，主动为社会和他人做贡献，这是社会主义职业道德中最高层次的要求之一。爱岗敬业、诚实守信、办事公道、服务群众、大公无私、克己奉公、顾全大局都是奉献社会的具体体现。在抗击新冠肺炎疫情的战斗中，数万名白衣天使、解放军官兵、党员干部、快递小哥、社区服务人员驰援湖北，义无反顾、迎难而上，这些"最美逆行者"感动了中国，震撼了世界。

2. 劳模精神的时代价值

（1）劳模精神凝聚建功新时代的磅礴力量

劳模精神作为我国优秀劳动文化的结晶，其"爱岗敬业、争创一流、艰苦奋斗、勇于创新、淡泊名利、甘于奉献"的精神内涵已经深深地融入社会主义核心价值观。在"人人学习劳模，人人尊重劳模，人人争当劳模"的良好氛围中，劳模精神必将作为建设新时代中国特色社会主义伟大事业的重要精神力量，充分调动最广大劳动者的积极性和责任感，激励人们争做新时代的建设者、奋进者，以实干兴邦的务实行动，为实现中华民族伟大复兴做出应有的贡献。

（2）劳模精神促进劳动者素质提升

劳动者素质对一个国家、一个民族发展至关重要。技术工人队伍是支撑中国制造、中国创造的重要基础，对推动经济高质量发展具有重要作用。要健全技能人才培养、使用、评价、激励制度，大力发展技工教育，大规模开展职业技能培训，加快培养大批高素质劳动者和技术技能人才。人是生产力中最活跃的要素。走新型工业化道路、建设制造强国，需要全面提升劳动者素质，造就一支有理想守信念、懂技术会创新、敢担当讲奉献的宏大产业工人队伍。劳模在工作岗位上的示范、引领、带动作用是巨大的，劳模精神的影响是深远的。全社会的劳动者，包括高等学校的广大同学们要以学习和传承劳模精神为荣耀，到祖国最需要的地方绽放青春之花，一大批高素质劳动者大军就会源源不断地输送到祖国建设的各个岗位上。

（3）劳模精神为劳动教育提供有力支撑

2020年3月20日印发的《中共中央国务院关于全面加强新时代大中小学劳动教育的意见》，就全面贯彻党的教育方针，加强大中小学劳动教育进行了系统设计和全面部署。要求高等学校以实习实训课程为主要载体开展劳动教育，其中劳动精神、劳模精神、工匠精神专题教育不少于16学时。多举措加强人才队伍建设，设立劳模工作室、技能大师工作室、荣誉教师岗位等，聘请相关行业专业人士担任劳动实践指导教师。这些要求的提出，为劳模本人和劳模精神走进课堂吹响了号角，为促进学生形成正确的劳动观念，进而形成正确的世界观、人生观、价值观发挥有力的支撑作用。

（三）劳模精神的培育

榜样的力量是无穷的，劳动模范身上涌动着创造、创新、创业激情；他们以炽热的爱国情怀、精湛的专业技能在各自岗位上建功立业，激励无数劳动者共同托举起一个国家、一个民族的梦想。包括大学生在内的全体社会主义建设者都应主动以劳模为榜样，大力弘扬劳模精神，在全社会形成崇尚劳模、学习劳模、争当劳模、关爱劳模的良好氛围。

就大学生而言，更应在勤学、修德、明辨、笃实上下足功夫，争当向劳模学习的排头兵。

坚定理想，端正观念。大学生学习劳模，首要的是要牢固树立劳动最光荣、劳动最崇高、劳动最伟大、劳动最美丽的观念，并自觉把劳动观与践行社会主义核心价值观和锤炼优秀品格结合起来，坚定中国特色社会主义共同理想和共产主义远大理想，用辛勤劳动、诚实劳动、创造性劳动的实际行动向劳模学习，一步一个脚印地走，一点一滴地奋斗。

鼓足干劲，铆足闯劲。鼓足干劲就要脚踏实地、一往无前。一些年轻人刚踏入职场，就嫌弃职位低或收入少，工作没精打采，没有了主动进取、争创一流的干劲。从而出现"无业绩、没成效"的被动境地，进而对工作产生抵触情绪，形成恶性循环，严重影响了自身的成长。所谓"一鼓作气，再而衰，三而竭"，开弓没有回头箭，大学生要以壮士断腕的决心，不怕吃苦的精神，不达目的誓不罢休的勇气，立足岗位干出特色、干出亮点、干出成绩。

铆足闯劲就要敢于冒险、打破常规。创新是一个民族的灵魂，是一个国家兴旺发达的不竭动力，也是一个人成长之路的催化剂。如果在工作中总是畏首畏尾、瞻前顾后、因循守旧，那么工作势必原地打转、止步不前。大学生要勇于以亮剑精神，直面前进道路上的种种障碍，不断探索、迎难而上，以十足的闯劲开辟新天地、开创新局面。

善于学习，乐于请教。学习是成功的阶梯。只有努力学习，才能练就过硬本领。大学生在学习、生活与工作中，要多读书、勤实践，努力完善知识结构，提升劳动技能，掌握真才实学，练就过硬本领。一年内连续三次创造了全国黑色冶金矿山掘进新纪录的劳模马万水常说："加快矿山建设，光靠拼体力是不行的，必须把苦干、实干与巧干结合起来。"唯有学以致用,方能经世济民;唯有学行修明,才可受命于危难之间。

"三人行,必有我师焉。""不懂就问"是中华民族的优良传统。被誉为电力检修一线的"设备医生""工人发明家"的全国模范何满棠,谈到工作心得只有一句话:"多做、多问、多想,自然功多艺熟!"青年大学生刚入社会,阅历尚浅,更应该做到善于发问、乐于请教,甚至要有不耻下问的勇气,向比自己学历低、职位低的人请教学习。

做到"干一行,爱一行"。热爱是最好的老师,只有做到干一行、爱一行,钻精一行,才能达到像劳模张秉贵"一抓准"那样的境界。青年大学生应该牢固树立爱岗敬业、忠于职守的职业精神,在业务上精益求精,尽职尽责,全心投入,踏实劳动,勤勉工作,就算是在平凡的岗位上也能干出不平凡的事业来。

"故天将降大任于是人也,必先苦其心志,劳其筋骨,饿其体肤,空乏其身,行拂乱其所为,所以动心忍性,曾益其所不能。"重任实非天赐,而是勤勉奋斗使然。我们相信青年大学生以劳模为榜样,做到"爱岗敬业、争创一流,艰苦奋斗、勇于创新,淡泊名利、甘于奉献",肯学肯干肯钻研,练就一身真本领,掌握一手好技术,就能立足岗位成长成才,就能在劳动中发现广阔新天地,在劳动中体现价值、展现风采、感受快乐、收获幸福。

三、践行工匠精神

(一) 工匠精神的内涵

工匠精神其实是一种理念,一种对自己的作品精益求精,不断完善使其完美的精神理念。工匠专注于每一个细节,运用智慧和经验,创造性地改造物质世界,打造完美产品。我国古代非常注重工匠精神,形成了"尚巧"的社会氛围。新中国成立以来,我们党在带领广大人民进行社会主义现代化建设的进程中,始终坚持弘扬工匠精神。无论是"两弹一星"、载人航天工程取得的辉煌成就,还是高铁、大飞机等的设计与制造,都离不开工匠精神,都展现出我们对工匠精神的继承与发扬。

工匠们对每一项工作都充满敬畏,对每一个步骤一丝不苟。同时,对最后的劳动结果充满诚意,并对此感到成就感。工匠们的付出,赋予了作品灵魂和生命。工匠精神,就是工匠们在自己的职业中淬炼出来的品格与气质。在新时代大力弘扬工匠精神,对于推动经济高质量发展、实现"两个一百年"奋斗目标具有重要意义。新时代的工匠精神的基本内涵,主要包括爱岗敬业的职业精神、精益求精的品质精神、协作共进的团队精神、追求卓越的创新精神四个方面的内容。

1. 爱岗敬业的职业精神

爱岗敬业的职业精神是工匠精神的根本。树立正确的劳动观和劳动态度,充分认识到劳动没有高低贵贱之分,无论从事何种工作,都要做到干一行、爱一行、钻一行。只有尊重、热爱自己的职业,才会心甘情愿地付出,才会持之以恒地坚持,才会始终如一地钻研,从而做到尽职尽责、尽善尽美,对得起自己的良心。爱岗敬业是责任和尊严、是道义和担当,是一种使命。一个组织缺少爱岗敬业的精神,这个组织就难以让人信任;一个人缺少爱岗敬业的精神,这个人就会被别人轻视。

2. 精益求精的品质精神

精益求精的品质精神是工匠精神的核心。对于工匠而言,职业不只是一份工作,更是生活的重要组成部分;职业精神不仅存在于职业过程中,更是存在于一个人内心中的美德。工匠不是马马虎虎、将将就就、得过且过,而是从日复一日的劳动中体会到快乐和成就感,将每一步做到精益求精。"天下大事、必作于细",工匠就是心无旁骛,努力将工艺的精准做到极限的人。精益求精是一种极强的责任意识,对品质信誉负责,对消费者的权益负责。

3. 协作共进的团队精神

协作共进的团队精神是工匠精神的要义。跟传统的工匠不同,当代工匠尤其是产业工人的生产方式已不再是手工作坊,大机器生产成为主流,企业创造价值的过程发生改变,分工高度专业化、精细化,任何一个行业都需要具备相关专业知识和技能的人才协作共进,而不是各自为战。所谓协作,就是团队成员的分工合作;所谓共进,就是团队成员的共同努力、共同进步。新时代呼唤那些追求有序协同、精诚合作的新型工匠成为中国制造的主力。

4. 追求卓越的创新精神

追求卓越的创新精神是工匠精神的灵魂。一直以来,创新在科学研究、技术进步、社会发展、国家振兴等方面发挥着独特的作用。锤炼精湛技艺、练就过硬本领,离不开传承延续,更离不开推陈出新,工匠更需要有创新的精神。作为一线工作者,工匠们不仅应该追求精益求精,更应该对生产力的提高有着强烈的渴望,而这来源于创造。创造需要思考,工匠们要善于学习,不断探索,永不满足,以开放的姿态吸收前沿成果,提升产品质量,实现自我提升,不断升华工匠精神,赋予传统技艺新的生命力。

(二) 工匠精神的时代价值

工匠精神的培育,是社会主义精神文明建设的重要组成部分,有利于促进社会文明进步。在当代中国,无论是高质量生产还是高品质生活,都需要工匠精神,在从工业大国向工业强国的转变中,更要求各行各业以恪尽职守的工作作风与精益求精的工匠精神踏实工作、争先创优。工匠精神是劳动精神在当代最突出的表现形式,每一个社会成员都应当自觉学习、自觉遵循。

1. 工匠精神有助于加快建设制造强国

《中国制造2025》指出,制造业是国民经济的主体,是立国之本、兴国之器、强国之基。但目前,我国制造业依然存在着大而不强、产品档次整体不高、自主创新能力较弱的问题,部分产品不能满足日益精细化的消费需求。

要实现从生产型向服务型、从价值链的低端向高端、从中国制造向中国创造、从制造大国迈入制造强国的宏伟目标,必须依靠精益求精、追求完美的工匠精神。只有把工匠精神融入生产制造的每一个环节,做出极致产品,打造品牌,满足消费需求,赢得竞争先机,提高市场竞争力,将制造业工人锤炼为工匠,将制造转化为智造,我国才能从制造大国走向制造强国。

2. 工匠精神有助于促进科技创新

工匠精神有助于促进创新的良性循环。以科技创新、技术进步为己任的企业,是民族振兴的主力,是创造财富的源泉。工匠精神体现在企业生产中就是把创新当作使命,追求科技创新、技术进步,使企业、产品拥有竞争力。这就需要企业以开放的姿态吸收最前沿的技术,不断增强创新的力量,从而创造出最新的科技成果。通过产品创新、技术创新、市场创新、组织形式创新等全面创新,从创新中寻找新的商业机会,在获得创新红利之后,继续投入、促进创新,形成良性循环。

3. 工匠精神有助于提升中国国际形象

品牌是企业走向世界的通行证,是国家竞争力的重要体现,也是国家形象的亮丽名片。近年来,我国品牌建设取得长足进步,但在国际上真正叫得响的品牌还不多,这与我国作为世界第二大经济体、第一制造业大国的地位很不相称。提升品牌形象,要求把工匠精神融入设计、生产、经营的每一个环节,做到精雕细琢、追求完美,实现产品从"重量"到"重质"的提升。通过弘扬工匠精神,让每个劳动者恪尽职业操守、崇尚精益内进而培育众多大国工匠,不断提高产品质量,打造更多享誉世界的中国品牌,建设品牌强国。

4. 工匠精神有助于完善技能型人才培养体系

走新型工业化道路,建设创新型国家,需要培养大批具有现代先进技能的建设者。技能人才对于现阶段中国经济保持持续快速增长,实施制造强国战略意义重大。而工匠精神所提倡的是劳动者钻研技艺、技术,掌握先进的工艺、技巧,这是促进我国劳动队伍整体提高技能水平的重要保障。工匠精神的培育,必将促进学校自身教学理念、教育内涵的创新提升,促进学校人才培养与企业人力资源需求有效对接,确保学校发展方向、方法正确,促进高等教育良性发展。

(三) 工匠精神的培育

李克强总理寄语芦山学子时指出:"工匠也可以成为大师!"激励广大青年走技能成才、技能报国之路,践行工匠精神,做技术创新的追求者、技能操作的引领者,成为"新一代大国工匠",打造更多享誉世界的中国品牌,为建设制造强国做出自己的贡献。

加快"中国制造"向"中国创造"的转变,实现制造大国向制造强国的转型,完成中国经济由低端向中高端的华丽转身,没有秉持工匠精神的高素质的劳动力是不行的。随着各行各业的发展,工匠的主体范围已扩大到每一位劳动者,可以说每一位"恪尽职业操守,崇尚精益求精"的社会劳动者都是新时代的"工匠"。

1. 加强专业知识学习

工匠崇尚技能、崇尚劳动，具有学习掌握技术的兴趣和意愿，熟练掌握专业技术，具备将专业技术创意和方案转化为有形物品或对已有物品进行改进与优化的能力。我们的专业学习和实训绝不只是简单地做出有形的产品，还应结合行业特点和专业特点，分析本职业岗位应具备的职业精神，并将其融入专业学习中。学一行、爱一行、钻一行是专业岗位的基本职业素质，每个行业的标杆人物、工匠精神，都在潜移默化中引导我们不断提升专业能力和专业水平。

培养自己的职业能力和精神，与专业课程学习紧密结合，特别是与实训课程相结合，为转化为专业人员做好必要准备。在掌握专业知识的基础上，训练综合运用技能、知识与经验的能力，进而具备善于将设计思想或设计成果转化为现实生产力的创新能力。

学生为了自己的持续发展要树立起终身学习的意识，不断提升知识储备。培养良好的外语能力，至少掌握一门外语，能够在听、说、读、写各方面正确使用外语，并具备用外语获取所需知识与信息的能力。强化自身的创新意识、创新精神，积极参与创新实践，从小事做起、从基础做起，迎难而上、百折不挠，在实践的熔炉中增长见识、砥砺品质、强化本领、收获成功。

2. 职业素养及心理准备

学生除了必须掌握职业技能之外，还必须懂得做人的道理，具备工作责任心。经验、知识和能力可以在工作实践中逐步培养，但是工作责任心等基本素质必须从现在开始树立并逐步形成。

面对日常繁杂的工作要有充足的耐心与韧性，练好基本功，钻研基本技能，勇于战胜各种挑战、困难与挫折。要认准一个领域，穷数十年的时间和精力，最终实现厚积薄发。

此外，重视心理训练。随着科技进步和经济活动规模的扩大，岗位的相互替代性、新型劳动组织和管理机制的出现，都会使劳动力市场的不稳定性增加，进而要求高职学生以稳定的心理积极适应职业的变化。可以通过团队活动、挫折模拟等形式，学会自我管理、自我约束、自我教育，增强应对实际生活中产生的各种心理压力的能力。具备正确处理人际关系的能力，正确认识社会和集体的能力，正确处和化解矛盾的能力,以及主动适应和承担风险的能力。

3. 大力提升人文素养

"以人为本"教育工作的根本要求,是把"提高质量"作为教育改革发展的核心任务,其实质就是教育必须以"人"为出发点及最终归宿,不仅关注人的当前发展,还要关注人的长远发展,关注人的全面发展,着力培育兼具人文素养与科学精神的高素质高质量人才。

以往部分高校过分注重科学技术教育,轻视人文教育,重专业技能训练,轻综合素质培养,导致了人的片面发展。为改变重科技、轻人文的教育观念,转变片面追求功利的价值取向,树立全面的素质教育观念,大力提升学生的人文素养迫在眉睫。

提高学生的文化素养,需要把专业知识的学习与人文素质提升有机地结合起来,加强学生思想政治教育,促进高校学生思想道德素质、科学文化素质和身体心理素质全面协调发展。学生应积极参加各类校园文化活动,校园文化是高校学生精神成长的环境氛围,是一种潜在的教育力量、无声的教育资源。学术并进、文理交融,丰富多彩、健康向上、格调高雅的校园文化活动可以推动学生不断提升自己的文化品格和思想境界,把学生培养成为胸襟广阔、精神和谐、趣味高尚、人格健全的人。

探究分享

职业责任测试

一、活动目标

引导学生了解职业责任的内涵,找出自身可能存在的差距。

二、活动时间

建议10分钟。

三、活动流程

1. 教师出示以下测试问卷,并请学生自测。

你是一个有责任感的人吗?

请根据第一感觉作答(A.是;B.否)。

(1) 与人约会,你通常会准时赴约吗?

(2) 你认为自己可靠吗?

(3) 你会未雨绸缪地储蓄吗?

(4) 发现朋友犯法,你会报警吗?

(5) 外出旅行,找不到垃圾桶时,你会把垃圾装好带走吗?

(6) 你经常运动以保持健康吗?

(7) 你忌吃脂肪含量过高或其他有害健康的食物吗?

(8) 你永远先做正事,再做休闲活动吗?

(9) 你从来没有放弃过任何选举权利吗?

(10) 收到别人的信,你总会在一两天内就回信吗?

(11) "既然决定做一件事情,那么就要把它做好。"你相信这句话吗?

(12) 与人相约,你从来不会失约,即使自己生病也不例外吗?

(13) 你从来没有犯过法吗?

(14) 上学时你经常拖延交作业的时间吗?

(15) 小时候,你经常帮助家长做家务吗?

2. 学生统计自己的得分。计分规则为"是"计1分,"否"计0分。参考计分标准如下:

0—2分:你是一个完全不负责任的人。你一次又一次地逃避属于自己的责任,最终你会连自己都不相信自己。长此以往,你的朋友都会离你而去,并且很少有人愿意同你来往,到时候你会很苦恼。

3—9分:在大多数情况下,你还是很负责任的,只是有时候会对事情考虑不周到,为人任性一些。不过没关系,这不会影响你的责任心。

10—15分:你是一个非常有责任感的人。你行事非常谨慎,而且很懂礼貌;你为人忠诚,是个老实人,值得人们信赖。当然,你会有很多朋友。

3. 教师选择15个问题中的3—5个问题进行点评。

专题四
日常劳动实践

"一屋不扫,何以扫天下?"只有从一根线、一粒米的小事做起,由近及远,由小及大,成长的基石才能一层层夯实,人生的扣子才能一粒粒扣紧。

拓展资源

课前导入

一屋不扫,何以扫天下?

东汉时期,有一少年名为陈蕃,此人自命不凡,一心只想干大事业。一天,陈蕃父亲的好友薛勤来访,见其独居的院内脏乱不堪,便问他:"孺子何不洒扫以待宾客?"他答道:"大丈夫处世,当扫天下,安事一屋?"薛勤当即反问道:"一屋不扫,何以扫天下?"陈蕃无言以对。

思考:

(1)你赞同陈蕃的做法吗?为什么?

(2)你喜欢做家务吗?为什么?

请把你的想法写在下面的框里。

专题四　日常劳动实践

一、日常家务劳动

（一）衣之有形

千里之行，始于足下。"不会""我有更重要的事情做"不该是我们拒绝家务劳动的借口，而应是我们学习、践行家务劳动的动力。我们应该从洗衣、熨烫、针线活、收纳等方面学起，在日常生活中养成好的劳动习惯，做到"衣之有形"。

1. 洗衣

（1）洗衣要分类

洗衣服时，不仅要按颜色分类，还要看衣服的材质、种类。衣物按颜色可分为纯白色、浅色（包括带白色条纹的衣物）、深色（黑、蓝、褐等）、艳色（红、黄、橙等）四类进行清洗；材质方面，一定要将毛绒多的衣物（毛巾、毛衣、灯芯绒衣物等）和容易起球的衣服分开洗，避免把衣服洗坏；贴身衣物，如内裤、秋衣裤等，要单独洗涤。

> **翻转课堂**
>
> **内衣清洗小贴士**
>
> 🌸 **手洗更健康**
>
> 首先，洗衣机的内壁和滚筒里藏有许多污垢和细菌。内衣在机洗过程中容易受到污染。其次，内衣一般相对较小，手洗会洗得更加干净、彻底。
>
> 🌸 **肥皂更安全**
>
> 肥皂具有良好的杀菌去污效果，且不伤皮肤，是手洗内衣的首选。如果有条件，我们还可以选购超市中专门用于清洗内衣的内衣皂，这种肥皂的抑菌效果更好，性质更温和。
>
> 🌸 **禁用消毒液**
>
> 消毒液虽然具有很强的杀菌消毒能力，但对皮肤的损害很大，在清洗贴身衣物时，应尽量避免使用消毒液。

(2) 水温应合适

通常来说,水的温度越高,去污效果越好。但要注意,并不是所有衣服都适合用热水洗,我们洗衣服的时候要先看下衣服上面的标签再洗。一般情况下,内衣、床单等要用60℃以上的热水洗,丝质物、羊毛织物等有清洗技巧的物品应用冷水洗。

(3) 先放洗衣液,后放衣物

洗衣服时,应先放水和洗衣液,并进行搅动,待洗衣液充分溶解后再放入衣物。这样洗衣服,不仅能让洗衣液更好地发挥作用,还能避免衣物上留下洗衣液的印记。

2. 熨烫

(1) 熨烫步骤

首先,在熨烫机内注水。注水时应往熨烫机内灌注冷开水,以减少水垢的产生,避免喷气孔堵塞。

其次,选择温度。熨烫机上一般会有调节温度的旋钮,使用时可根据衣物的材质选用不同的温度,也可根据衣物上的熨烫标识选用合适的温度。常见的熨烫标识及其代表的含义见表4—1。

表4—1 熨烫标识及含义

熨烫标识	含义
(熨斗三点图标)	熨斗底板温度最高不能超过200℃
(熨斗两点图标)	熨斗底板温度最高不能超过150℃
(熨斗一点图标)	熨斗底板温度最高不能超过110℃ 蒸汽熨烫可能会造成不可修复的损伤
(熨斗打叉图标)	不可熨烫

再次,熨烫。熨烫过程中应保持衣物平整,以免熨烫过后衣物再次留下褶皱。同时,应在水温达到所调温度后再开始熨烫,因为在温度条件不够时,无法形成水蒸气。

最后,熨烫完的衣服不要马上挂入衣柜,而应先挂在通风处,待衣服完全干透之后再放进衣柜,以免衣物发霉。

(2) 不同布料衣物的熨烫方法

棉麻衣物的熨烫方法:

熨烫温度:160℃—200℃。

熨烫手法:①动作敏捷,但不能过快。②往返不宜过多。③用力不宜过猛。④熨烫淡色棉麻织品时应保持匀速,以免衣料发黄。

丝质衣物的熨烫方法:

熨烫温度:110℃—120℃。丝质衣物需低温熨烫,过高的温度容易导致衣物褪色、收缩、软化、变形,严重时还会损坏衣物。

熨烫手法:①垫布熨烫,或熨烫衣物反面。②熨烫时熨烫机要不断移动位置,不能在一个地方停留时间过久,以免产生烙印水渍,影响衣物的美观。

皮衣的熨烫方法:

熨烫温度:80℃以下。

熨烫手法:①垫干燥的薄棉布进行熨烫。②熨烫时用力要轻,以防烫损皮革。

毛织衣物的熨烫方法:

熨烫温度:薄款150℃以下,厚款200℃以下。

熨烫手法:①先将湿布盖在布料上,再熨烫。②熨烫时,熨烫机应平稳地在衣服上移动,不宜移动过快。

合成纤维衣物的熨烫方法:

合成纤维种类繁多,不同的合成纤维衣物的耐热程度各不相同。初次熨烫前可先找衣物里面不明显的部位试熨,在掌握了适合的熨烫温度后再进行大面积熨烫。

3. 针线

做好针线活的前提是要学会常用的针法。缝制衣物常用的针法有平针法、锁边缝、藏针法、包边缝、扣眼缝、缩缝法等。

(1) 平针法(见图4—1)

平针法是最基础的针法,也是最常用的针法。这种针法主要用于拼接布料和缝制布料的轮廓。缝制时要注意针脚间隔均匀,间隔一般为3mm左右,也可根据实际情况调整。

（2）锁边缝（见图4－2）

锁边缝一般用于缝制织物的毛边，以防织物的毛边散开。

（3）藏针法（见图4－3）

藏针法一般用于两块布料的缝合。这是一种很实用的针法，能够有效隐匿线迹，常用于衣服上不易在反面缝合的区域。

（4）包边缝、扣眼缝（见图4－4、图4－5）

这两种针法与锁边缝的用途相同，但前两者的装饰性和实用性更强。

（5）缩缝法

缩缝法可以在缝制过程中拉出松紧度，一般用于缝制缩口。

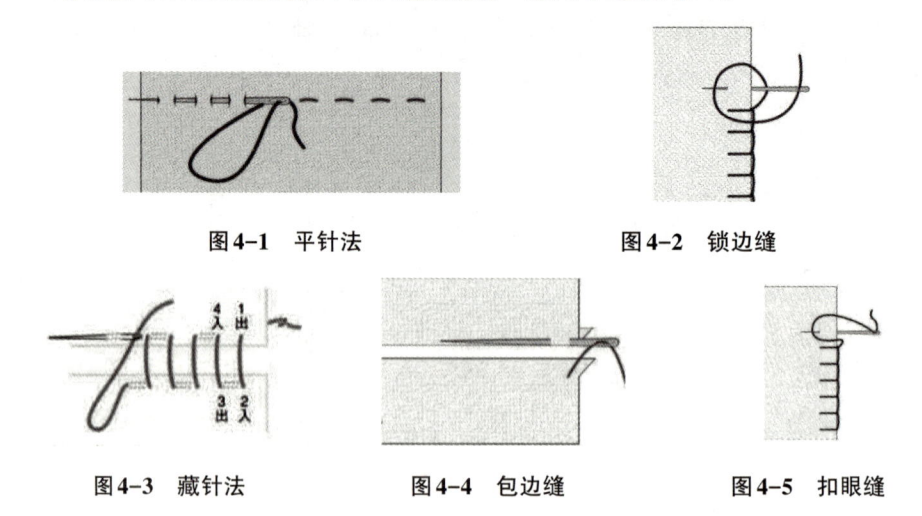

图4-1　平针法

图4-2　锁边缝

图4-3　藏针法

图4-4　包边缝

图4-5　扣眼缝

翻转课堂

情景一：小明在体育课上跑步时不小心摔倒了，磨破了裤子。

情景二：母亲节马上到了，小菲想亲手制作一个荷包送给妈妈。

想一想，上述两种情景中，小明和小菲分别应采用哪种针法？

4. 收纳

各式各样的衣服随意堆放在衣柜里，既不美观也不便于拿取。那么，应如何合理使用衣柜空间收纳衣服呢？

首先,应将衣物按照样式进行分类,如分为裤子、裙子、衬衫、短袖、毛衣、外套、内衣、内裤、袜子等类别。

其次,将分类好的衣服一一折叠。

最后,将折叠好的衣服按季节进行分类。属于当季的衣服,可放于衣柜中易于拿取的位置;属于其他季节的衣服,可放于衣柜顶层或收纳盒、收纳袋中。另外,内衣裤、袜子等小衣物可放于抽屉中收纳。

(二)食之有味

做饭这样的"小事",对于即将迈入社会的大学生,常常也是考验独立生活能力的"大事"。从"家常菜"到"营养均衡、色味俱佳的佳肴",做饭不仅是一项生活技能,更能让我们享受烹饪的乐趣,用美食调剂生活。

1. 中国饮食文化

学做饭,首先要了解我国源远流长的饮食文化。我国地大物博,在饮食上总体呈现出风味多样、讲究美感、食医结合等特点。

(1) 风味多样

我国幅员辽阔,物产丰富,各地区由于气候、物产、习俗、生活环境等的不同,发展出了各式各样、具有地方风味和特色的菜系,其中最著名的有川菜、鲁菜、粤菜、闽菜、苏菜、浙菜、湘菜和徽菜八大菜系。各个菜系在原料选用、烹调技艺、口味等方面特点鲜明。

(2) 讲究美感

我国菜系众多、菜品多样,但无论哪种菜系,都追求色、香、味俱全。"色"即菜的色彩、卖相,在食物不再仅仅是饱腹之物时,运用各种食材、配料和烹调方法,调配好一道菜肴的色彩形状,是一种让食物赏心悦目的艺术。

(3) 食医结合

我国烹饪讲究食医结合,认为食物与医疗保健有着密切的联系,古代就有"医食同源""药膳同功"的说法。许多食物原料都具有药用价值,利用这些原料做成的美味佳肴,不仅美味,还能达到防治疾病的目的。例如,绿豆具有清热解暑、止渴利尿的功效,苦瓜具有清热解暑、明目解毒的功效,胡萝卜具有补肝明目、清热解毒的功效,梨具有清热镇静、化痰止咳的功效等。

2. 饮食营养与健康(见图4-6)

烹饪不仅应关注美味,更应该做到营养均衡。均衡的膳食、合理的营养搭配不仅可以保证人体正常生理功能的需要,还可以提高机体的抵抗力和免疫力,有利于预防和控制某些疾病的发生与发展。

根据中国营养学会编制的《中国居民膳食指南(2016)》,一般人群的膳食可遵循以下六个原则:①食物多样,谷类为主。②吃动平衡,健康体重。③多吃蔬果、奶类、大豆。④适量吃鱼、禽、蛋、瘦肉。⑤少盐少油,控糖限酒。⑥杜绝浪费,兴新"食尚"。

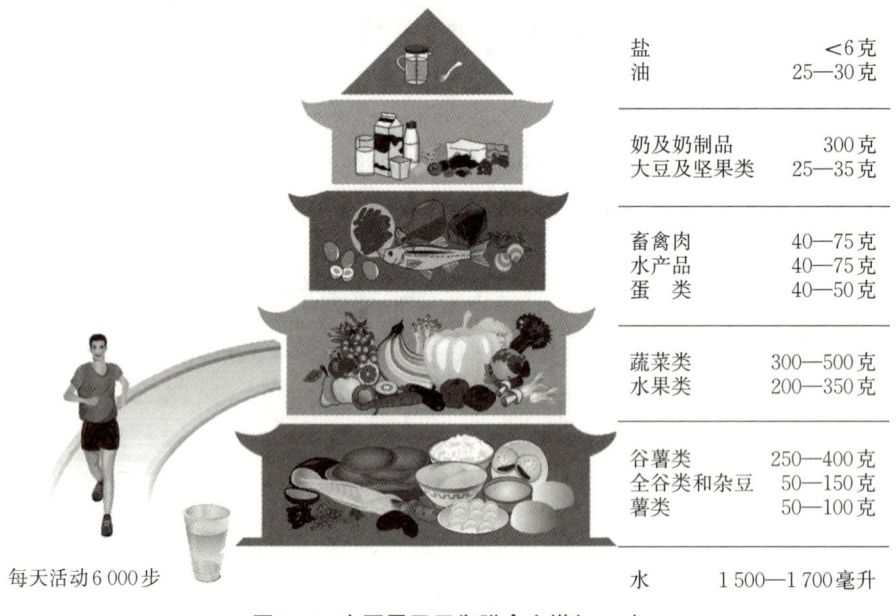

盐	<6克
油	25—30克
奶及奶制品	300克
大豆及坚果类	25—35克
畜禽肉	40—75克
水产品	40—75克
蛋类	40—50克
蔬菜类	300—500克
水果类	200—350克
谷薯类	250—400克
全谷类和杂豆	50—150克
薯类	50—100克
水	1 500—1 700毫升

每天活动6 000步

图4-6 中国居民平衡膳食宝塔(2016)

3. 烹饪基础

(1) 原料

烹饪的原材料可分为蔬菜、水产品、畜禽、粮食作物和果品五类。

蔬菜是人体维生素、矿物质和膳食纤维的主要来源。

水产品富含蛋白质、脂肪、矿物质和维生素。

畜禽是人体优质蛋白、脂类、脂溶性维生素和B族维生素的主要来源。

粮食作物是对谷类作物、薯类作物和豆类作物的总称。谷类作物主要为人体提供淀粉、植物蛋白、维生素等;薯类作物主要为人体提供淀粉、维生素等;豆类作物主要为人体提供蛋白质、脂肪等。

果品主要为人体提供维生素、矿物质和人体所需的微量元素。

翻转课堂

各种营养物质的作用

维生素:维生素具有调节代谢的作用。在维生素充足的情况下,人体的代谢会更加完全。例如,维生素D能够促进钙质吸收,维生素C能够促进铁质吸收等。

蛋白质:蛋白质可以为人体提供能量和热量,不但有利于骨骼健康、预防骨质疏松,还可以提高肌肉质量和力量,这也是所有的健身房教练将它视为"增肌神器"的最主要原因。

脂肪:脂肪具有储存和供给能量的作用,还有保持人体体温、固定内脏的作用。

矿物质:矿物质包含铁、钙、镁、锌等,是构成人体骨骼、牙齿等部位的重要元素。需要注意的是,矿物质只能从膳食中获取,不能由身体自行合成。

淀粉:淀粉在人体内会被分解成葡萄糖,葡萄糖可以为人体肌肉运动和其他器官的活动提供能量,以保证人生活的正常进行。

膳食纤维:膳食纤维能够促进肠道蠕动,具有预防超重和肥胖的作用。

想一想,你还知道哪些营养物质?它们对人体都具有怎样的作用?快和同学分享一下吧。

(2)调料

烹饪常用的调料有油、盐、酱油、醋、料酒等。

油具有导热、增加菜肴色泽的作用,常见的有花生油、菜籽油、大豆油等。

盐可调节菜肴的咸淡,不宜多吃。

酱油分为生抽和老抽两种,生抽一般用来调味,味道鲜、咸;老抽一般用来上色,颜色重、味道咸。

醋较酸,可使菜的味道变得丰富,吃起来更加爽口。

料酒能够去除菜的膻味和腥味,还具有解油腻的作用。

(3) 火候

烹饪时的火候一般根据以下两种方式确定。

根据原料的质地确定。原料质地较软、嫩、脆的,多用旺火速成;原料质地较硬、老、韧的,多用小火长时间烹调。

根据烹调的技法确定。炒、爆、烹、炸等技法多用旺火速成;烧、炖、煮、焖等技法多用小火长时间烹调。

4. 烹饪安全

(1) 用火安全

在利用燃气灶等明火烹饪食物时,应注意以下四点。

烹饪过程中不要远离厨房,以防汤水溢出浇灭燃气灶火苗,造成燃气泄漏事故。

厨房内禁止存放酒精、汽油等易燃危险物品,以免引起意外失火。

保持燃气灶周围空气流通。

若闻到煤气味,怀疑燃气泄漏,应立即关闭燃气阀门和附近的火源,同时打开门窗进行通风,注意不要开关任何电器,包括手机。若煤气味强烈,则应立即外出打电话报警,并通知邻居疏散。

(2) 用电安全

在用电饭煲、电磁炉等电器烹饪食物时,应注意以下两点。

湿手不得接触电器及电器装置,以防触电。

电器用完后应关掉开关并拔下插头,防止电器因长时间通电而损坏。

(3) 烹饪工具使用安全

在使用烹饪工具的过程中,应注意以下三点。

玻璃器皿、瓷器不能摆放在台面边缘,以免摔破伤人。

在使用刀具前,应检查其是否存在裂纹、松柄、锈蚀等现象,避免在使用过程中发生意外。

刀具在使用完后应插入刀套或刀架内,不得放在操作台边缘及过高处,以免坠落伤人。

（4）其他注意事项

除上述注意事项外,在烹饪时,还应注意以下三点。

烧制饭菜时,锅内的液体不宜过多,以免溢出引发意外。

在拿刚蒸好或烤好的食物时,应戴隔热手套。没有隔热手套的,可用干毛巾代替。

为减少烹饪过程中高温油飞溅,应提前滤干食材的水分。

拓展阅读

学子的美食荟萃之旅

2020年新冠病毒肺炎疫情期间,石家庄铁道大学四方学院将"在线上课"与"居家活动"紧密结合,发起了一项"晒美食"活动,众多学子纷纷亮出自己的"绝活",开始了一场美食荟萃之旅。

一道菜就是一种文化,一道菜就是一部《舌尖上的中国》。新疆的大盘鸡、陕西的臊子面、贵州的炸土豆片、湖南的红烧肉、湖北的热干面……学生们来自祖国各地,虽然中间隔着万水千山,但都在通过展示自己的劳动成果传递着家乡菜的文化,进行着文化和感情的交流。来自辽宁丹东的李尧,因为喜欢做饭,经常晒自己做的美食,人送外号"李厨"。疫情期间,他更是没有停下做菜的脚步:水煮鱼、酒煮蛤蜊、油炸鸽子、东北乱炖……"在延期开学的日子里,家里的饭基本都是我做的。我们不能缓解父母的经济压力,那就多承担一些家务劳动,减轻父母的劳动负担。"李尧说。

作为此次活动发起人之一的辅导员李慧鹏也化身"厨神",展示了自己的厨艺,给同学们做出了榜样。"身教胜于言传,在做一件事情之前,不去谈意义,而是动手踏踏实实地去做,哪怕只学会了一个西红柿炒鸡蛋,那也是增加了一项生活技能。"李慧鹏说。

（三）起居有序

作息规律,在日常生活中养成做家务的习惯,保持屋舍整洁,物品井然有序,过一种"有序"的生活,能让我们容光焕发、心情舒畅,对我们的学习和工作有很大的促进作用。

1. 作息规律

研究表明,科学、合理、规律的作息能提高人体的免疫力,降低疾病发生的概率。在安排作息时间时,可参考表4—2。

表4-2 作息时间表

时间段	作息安排
6:30—7:30	起床伸展腰肢,呼吸新鲜空气,喝杯温水,为一天的工作做好准备
7:30—9:00	吃早餐。这个时候时间再紧也要吃早餐,因为它可以帮助我们维持血糖水平的稳定,为上午的工作补充能量
9:00—11:00	这个时间段是工作和学习的第一个黄金时期。大部分人在这两小时内头脑最清醒、思路最清晰,因此可以开展工作和学习中较困难的部分
11:00—12:00	吃点水果。在经过一上午的工作和学习后,我们的血糖会有一些下降,可能导致无法专心工作。此时可以吃点水果,及时补充血糖
12:00—13:00	吃午餐。丰富的午餐能为身体增添能量,以保证身体的能量所需
13:00—14:00	午休。每天保证30分钟的午休会使人精力充沛,还能起到保护心脏的作用
15:00—17:00	这个时间段是工作和学习的第二个黄金时期。此时身体和大脑都处于一天的巅峰状态,应该做细致而密集的工作
18:00—19:00	吃晚餐。晚餐应该多吃蔬菜,少吃富含卡路里和蛋白质的食物。同时要注意,晚餐应少吃,吃太多会引起血糖升高,并增加消化系统的负担,影响睡眠
19:00—21:00	可根据个人需求进行体育锻炼,这样既可以消耗晚餐热量,也能轻松瘦身
20:00—22:00	看书或休息
22:30	上床睡觉。每天应尽量保证8小时的充足睡眠

2. 设施整洁

(1)扫地

清扫室内地面宜用按扫的方式,即扫地时扫把尽量不离地面;挥动扫把时,可稍用力向下压,这样既能把灰尘、垃圾扫净,又能防止灰尘扬起;清扫时一般采用从狭窄处扫向宽广处、从边角处扫向中央处、从屋里扫向门口的清扫顺序。

地上头发多时,可将废弃的旧丝袜套在扫把上扫地。由于丝袜会和地面产生静电效应,很容易就能吸附起地上的毛发和灰尘。如果没有丝袜,塑料袋也可以起到同样的效果。

清扫楼梯时,可以站在下一阶,将垃圾从左右两端扫至中央再往下扫。这样能有效防止垃圾、灰尘从楼梯旁掉下去。

清扫室外区域时,应顺着风向扫,以免扫好的区域被再次被刮脏。

(2) 拖地

巧用食盐。用温水加上食盐拖地,不仅能加快地上水分的蒸发速度,还不留水渍。另外,用盐水拖地还能杀菌、抑菌。

巧用洗洁精、醋和小苏打。在擦洗地板的水中加入少量洗洁精、醋或小苏打,擦洗地板时不仅能轻松除尘,还能有效去油污。

巧用柠檬汁。柠檬汁中的烟酸和有机酸具有杀菌作用。拖地的时候,在水中加少量柠檬汁或柠檬精油,既能有效杀菌,又能保持空气清新。

(3) 门窗除垢

首先清洁门窗边框。清洁时,应先用废旧牙刷或专用的小刷子清理缝隙里的污渍,再整体擦拭门窗边框。

然后清洁玻璃。清洁玻璃时,第一遍用湿布擦拭,第二遍用干报纸擦拭。用干报纸擦拭不仅可以擦干玻璃上的水分,还能避免在玻璃上留下痕迹,让玻璃更加干净明亮。

对于有纱窗的窗户,可不定时用湿布擦拭纱窗,避免纱窗上堆积灰尘。

拓展阅读

玻璃清洁技巧

(1) 有些玻璃用久了会有发黑的现象,对于这种玻璃,可用细布蘸取适量的牙膏擦拭。

(2) 沾染了油漆的玻璃可用绒布蘸取适量食醋擦拭。

(3) 玻璃上的陈迹可用湿布蘸取适量白酒擦拭。

(4) 鲜蛋壳用水洗刷后得到的蛋白与水的混合溶液,可有效增加玻璃的光泽。

(5) 沾染了石灰水的玻璃,可用湿布蘸取适量细沙擦拭。

3. 物品井然

(1) 按照使用频率分类收纳物品，即常用的物品放在显眼处，不常用的物品收纳在柜子内。例如，厨房内台面上放置油、盐、酱、醋等常用物品，备用油、盐等放在橱柜中将每天使用的拖鞋置于易拿处，换季的鞋子放在不易拿取处；将每天出门需要换的衣服、帽子等挂在随手可拿的地方，换季的衣服放在柜子里或收纳箱中。

(2) 借助收纳盒。厨房的抽屉内，可配置大小合适的分餐盒，将筷子、勺子等分别置于其中；书桌的抽屉内，可以借助不同的小盒子划分区域，使小物件井然有序。

(3) 垂直收纳，即利用家或寝室内空着的墙面收纳物品。例如，在书桌的上方放置两层或者三层的隔板架，在厨房墙面悬挂收纳篮等。

(4) 利用好角落空间。沙发、餐厅、卧室等处的角落是很好的收纳空间，好好利用这些角落空间(如放置移动的收纳架)，不仅不会使我们的住处显得拥挤，还会营造出一种特别的美感。

4. 起居其他常识

(1) 冰箱清洁

在使用冰箱的过程中，应定期对冰箱进行清洁(每年至少两次)。清洁冰箱时要先切断电源，然后再用软布蘸上清水或洗洁精沿着冰箱内壁轻轻擦拭。为防止损坏冰箱层和塑料零件，请勿使用洗衣粉、去污粉、开水、刷子等清洗冰箱。

对于冰箱内可拆卸的部件，应拆下后用清水或洗洁精清洗。

清洗完冰箱主体和各种部件后，不要着急关闭冰箱门，应待冰箱内彻底干燥后，再关闭冰箱门，并插上电源。

(2) 床上用品清洁

床上用品会与皮肤直接接触，平时要注意床上用品的清洁。一般来说，床上用品的清洗间隔应根据季节来判断。夏季建议一周清洗一次，冬季建议两周清洗一次。清洗时，最好挑一个晴朗的天气，以便清洗完的床上用品能够接受紫外线的照射，从而有效清除细菌和螨虫。

（四）家政娴熟

除了学习基础的家务劳动，我们还应该适当掌握一些家庭保健相关知识和家居日常维修技能,以备不时之需。

1. 家庭常用消毒方法

在家庭生活中,我们可利用以下三种方法消毒杀菌,减少疾病的发生。

(1) 天然消毒法。阳光中的紫外线和红外线具有一定的杀菌作用,把书籍、床垫、被褥、衣物等放在阳光下曝晒4—6小时即可起到很好的杀菌效果。

(2) 物理消毒法。开水可以有效杀死细菌,可不定时地用开水烫一下杯子、碗筷等进行消毒杀菌。

(3) 化学消毒法。利用消毒液、消毒剂等可杀灭大多数的细菌和病毒,但这种消毒不宜用于食物、碗筷等物品的消毒。

拓展阅读

家庭常备药品

根据家庭成员的构成,家庭药箱应主要覆盖内服药、外用药、特殊人群用药和辅助用品四大类别。

(1) 内服药常见的有感冒药、解热镇痛药、止咳化痰药、止泻药、通便药、抗过敏药、助消化药七大类,一般不推荐储备抗菌类药物。

感冒药:可备酚麻美敏片、维C银翘片。感冒是自限性疾病,一般不用药物治疗,但服药可缓解症状。需要留意的是,很多感冒药都含有相同成分,为避免重复用药,应严格按推荐的剂量和用法服用。

解热镇痛药:常见的有布洛芬混悬液、对乙酰氨基酚片。该类药物主要用于缓解感冒后发热、头痛、关节痛等症状。

止咳化痰药:止咳可备氢溴酸右美沙芬片、蛇胆川贝枇杷膏;化痰药物可以选择盐酸氨溴索片、乙酰半胱氨酸颗粒等。

止泻药:可备口服补液盐散、蒙脱石散。前者能预防和纠正腹泻导致的脱水;后者是高效消化道黏膜保护剂,具有改善肠道吸收和分泌的功能。

通便药:可选乳果糖。它不被人体吸收,通过刺激结肠蠕动,缓解便秘,尤其适宜老年人、孕产妇、儿童及术后便秘者。

抗过敏药:如氯雷他定,属于抗组胺类抗过敏药,适用于皮肤过敏、食物及药物过敏等。氯雷他定除了有片剂外,还有儿童使用的糖浆剂和滴剂。

　　助消化药:如多酶片、健胃消食片等。

　　(2) 外用药主要有外用消毒药,如75％乙醇(酒精)、碘伏等;其他外用药,如云南白药、风油精等。另外,创可贴、灭菌医用棉签、纱布、绷带等卫生材料也要备齐。

　　(3) 特殊人群用药根据家庭成员实际需求准备。

　　(4) 辅助用品主要包括小药箱、方便小药盒、定时药盒、切药器、研磨器等。

2. 家居日常维修技能

　　家用电器、家具等常常会随着使用频率、使用时间的增加而出现这样那样的问题,对于其中的一些小问题,我们完全可以自行修理解决,不必找专门的维修工人上门维修。

　　(1) 冰箱不制冷

　　冰箱出现不制冷的情况时,应首先检查冰箱的电源插头是否牢固。若电源插头没问题,则可能是冰箱的内出水口堵塞或冰冻造成了冰箱不制冷。此时,我们可以使用一根有一定硬度的细棍疏通冷藏室的后壁出水口。

　　(2) 实木家具出现裂缝

　　实木家具如因热胀冷缩出现裂缝,可采用以下补救措施:①将旧棉布或破麻袋烧成灰,然后与生桐油搅拌成糊状,嵌补到木器的裂缝中,阴干后即可补平裂缝;②将撕碎的报纸加些明矾和清水煮成稠糊状,冷却后涂于木器的裂缝中即可将其补平。

　　(3) 家用燃气灶打不着火

　　家用燃气灶打不着火很可能是火盖、火孔被堵塞或燃气灶电池没电造成的。遇到燃气灶打不着火的情况时,可以先用牙签、抹布等清理火盖和火孔,清理完仍打不着火的情况下,可尝试更换燃气灶的电池。

探究分享

争做家务小能手

"一屋不扫,何以扫天下?"做家务似乎只是简单的重复性动作,是一件"小事",但其实好处很多。我们不仅能通过做家务从喧嚣的网络世界中剥离出来,体验劳动的乐趣,还能深入体验专注的力量。

请根据自己家庭的具体情况制订家务劳动计划,并严格执行计划。要求用PPT或短视频的形式记录劳动过程,并在班级内展示、比拼。

【过程记录】

具体计划:

_____

_____

_____

计划实施情况:

_____

_____

_____

计划实施难点及解决方案:

_____

_____

_____

二、公共环境维护

（一）呵护校园环境

校园由物质环境和精神环境构成，不仅为我们提供了舒适的学习环境，还是校园文化的重要表现形式，需要我们每个人合力维护。

1. 物质环境

校园物质环境主要是指经过人们组织、改造而形成的校容校貌和校园学习环境，具体包括校容、校貌、自然物、建筑物及各种设施等。保持校园物质环境的干净、整洁，不仅能为全校师生营造一个舒适的学习环境，还有利于学生形成良好的卫生习惯。

2. 精神环境

校园精神环境是校园的灵魂，是学校师生认同的价值观和个性的反映，具体体现在师生的精神面貌、校风、学风、学校形象等方面。积极参与校园精神环境建设有助于改善校园学习风气，并形成一种积极向上的精神文化，影响身处其中的每个人。

（二）共建无烟校园

大量的科学研究表明，吸烟对人体健康的危害十分广泛。世界前八位致死疾病中，便有六种疾病与吸烟有关，即缺血性心脏病、脑血管病、下呼吸道感染、慢性阻塞性肺疾病、结核病和肺癌。世界卫生组织调查显示，烟草每年使800多万人失去生命，其中有700多万人的死亡直接缘于使用烟草，有大约120万人属于接触二手烟雾的非吸烟者。

那么我们应该如何预防香烟的危害，共建无烟校园呢？

（1）为了自己和他人的生命健康，也为了保护环境，我们应该约束自己，做到不抽烟。

（2）多了解有关吸烟危害的知识，增强自制力，自觉抵制诱惑。

(3) 养成良好的习惯,早睡早起不熬夜,保持身体的健康状态。

(4) 交友谨慎,远离那些有不良嗜好的朋友,选择一个良好的交友圈。

(5) 积极参加控烟健康宣传活动,增强控烟意识,约束吸烟行为。

拓展阅读

无烟学校参考标准(适用于普通高等学校)

一、建立学校控烟制度

(1) 建立由学校领导牵头,相关职能部门共同参与的控烟领导小组,相关职能部门职责明确。

(2) 将控烟工作纳入学校年度工作计划,做到年初有计划、年终有总结。

(3) 制定校内控烟管理规章制度。制度中应包括下列核心内容:①任何人(包括外来人员)都不得在校园内指定吸烟区以外区域吸烟;②学校应设有兼职控烟监督员或巡视员,并有明确的工作职责;③控烟监督员、巡视员应接受过相关的控烟知识培训,将履行控烟职责的情况作为师生员工评优评先的参考指标之一;④教师不在学生前吸烟,不接受学生敬烟,不向学生递烟;⑤教师应劝阻学生吸烟;⑥有鼓励或帮助教职员工戒烟的办法。

二、除指定室外吸烟区外全面禁烟,营造良好无烟环境

(1) 校园内除指定的室外吸烟区外,其他区域无人吸烟,非吸烟区无烟蒂、无吸烟者。

(2) 校园内重点区域,如大门、教学楼、宿舍楼、实验室、行政楼、会议室、教师办公室、室内运动场、图书馆、教职工和学生食堂、接待室、楼道、卫生间等有醒目的禁烟标识。

(3) 非吸烟区不得摆放烟灰缸及其他烟具。

(4) 吸烟区设置合理(室外、通风、偏僻)。

(5) 吸烟区悬挂、张贴烟草危害的宣传品。

(6) 校园内禁止烟草广告和变相烟草广告。

三、开展多种形式的控烟宣传活动

（1）利用宣传栏、展板、广播、电视等形式进行控烟宣传。

（2）利用课堂、讲座等形式对学生开展控烟教育，将烟草危害、不尝试吸烟、劝阻他人吸烟、拒绝吸二手烟等内容作为控烟核心知识点。

（3）将控烟教育纳入新生入学教育内容。

（4）利用世界无烟日开展控烟宣传活动。

四、加强控烟监督检查

（1）控烟监督员能认真履行劝阻吸烟人在非吸烟区吸烟的职责。

（2）全体师生员工均有对在校园内违反控烟规定的行为进行劝阻的义务。

（3）定期对学校各部门、各院系控烟工作进行检查，每年至少一次。

（三）维护校园环境秩序

为维护良好的校园秩序，营造文明、整洁、健康、高雅的校园环境，建设平安校园、和谐校园，根据《高等学校校园秩序管理若干规定》（国家教育委员会令第13号），我们应遵循以下校园文明行为规范。

（1）着装整洁得体，仪容端庄。

（2）行为举止高雅，谈吐文明。

（3）爱护学校花草树木，节约用水。

（4）乘坐电梯遵守秩序，先下后上，相互礼让。

（5）遵守学校环境卫生的有关规定，保持学校环境卫生，不随地吐痰、不乱扔杂物。

（6）文明如厕，保持卫生间清洁，爱护其设施。

（7）上课时遵守课堂纪律，候课时不在楼道内大声喧哗。

（8）爱护教室设施，合理使用教学设备，保持干净整洁的教学环境。

（9）汽车、电动车、自行车停车入位，摆放有序。

（10）不在教学楼内的教室、办公室、楼道楼梯、卫生间及公共场所吸烟。

（11）观看教学展演展示、视听公共课讲座、参加会议等活动时，主动服从现场管理，遵守秩序，爱护礼堂、会议室等设施。

（12）进行教学和汇报演出活动时，合理使用场地及设施设备，降低环境噪声分贝，防止影响学校周围单位和居民正常工作和生活。

（13）自觉遵守学校的各项规章制度，尊师爱友、团结和睦，共同营造绿色健康的学习氛围和积极向上的工作环境。

（14）参加学校在本市组织的和赴外省、市的教学汇报演出、比赛或游学活动时，保障安全、遵守纪律；尊重当地风俗习惯、文化传统；爱护文物古迹、风景名胜、旅游设施。

（15）如遇突发事件，服从学校统一指挥，配合应急处置。

（16）遵守网络信息管理的法律法规和有关规定，维护微信群安全和秩序，自觉抵制不良信息，不传播网络谣言。

探究分享

绿色校园，从我做起

进入21世纪以来，全球气候变暖、生存环境日益恶化，严重威胁着人类的健康与生存。遏制气候变暖，发展绿色低碳经济，是全人类共同的使命。为了你、为了我、为了他，也为了我们赖以生存的地球大家庭，更为了明天的美好生活，全国各高校的大学生理应率先身体力行倡导绿色低碳生活、共建绿色校园。

请围绕"低碳生活"制订一个"绿色校园，从我做起"的个人计划，并在生活中执行该计划。

【过程记录】

具体计划：

_____

_____

_____

计划实施情况：

计划实施难点及解决方案：

三、环保行动

生态环境保护是功在当代、利在千秋的事业。我们要清醒认识保护生态环境的紧迫性和艰巨性，清醒认识加强生态文明建设的重要性和必要性，做绿化环保的践行者。

（一）绿化环保行动

保护环境，人人有责。让中华大地天更蓝、山更绿、水更清、环境更优美，需要动员全社会力量推进生态文明建设，需要我们把保护环境化为自觉行动。

1. 形成绿色价值取向

什么是绿色价值取向？习近平总书记关于"绿水青山"与"金山银山"关系的三个言简意赅的重要论断，对此做了生动阐释和系统说明。

"绿水青山就是金山银山"，强调优美的生态环境就是生产力、就是社会财富，凸显了生态环境在经济社会发展中的重要价值。"既要金山银山，又要绿水青山"，强调生态环境和经济社会发展相辅相成、不可偏废，要把生态优美和经济增长"双赢"作为科学发展的重要价值标准。"宁要绿水青山，不要金山银山"，强调绿水青山是比金山银山更基础、更宝贵的财富，当生态环境保护与经济社会发展产生冲突时，必须把保护生态环境作为优先选择。

坚持绿色发展，需要我们形成绿色价值取向，正确处理经济发展同生态环境保护的关系，牢固树立保护生态环境就是保护生产力、改善生态环境就是发展生产力的理念，更加自觉推动绿色发展、低碳发展、循环发展，绝不以牺牲生态环境为代价换取一时的经济增长。

拓展阅读

2015年1月4日，环保达人邹毅的摄影作品"2014年北京·一目了然"在银河SOHO全球首发。他坚持每天对同一场景拍摄一张照片，形成组图365张，让大家一目了然看到北京365天的天气情况，呼吁公众保护环境。之后，他连续几年以同样的方式记录北京的天气状况。

2. 形成绿色生活方式

绿色生活方式与每个人的生活息息相关，体现了人们对绿色发展理念的认同度、践行力。形成绿色生活方式对绿色发展和生态文明的最终实现具有基础意义和关键作用。

保护环境，人人有责；绿色发展，人人应为。这个"应为"，就是倡导和践行勤俭节约、绿色低碳、文明健康的生活方式与消费模式。

推动形成绿色生活方式，需要我们坚持节约优先，强化集约意识，在衣、食、住、行、游等方面形成节约集约的行动自觉；倡导环境友好型消费，推广绿色服装、提倡绿色饮食、鼓励绿色居住、普及绿色出行、发展绿色旅游，抵制和反对各种形式的奢侈浪费、不合理消费。

促进生活方式绿色化，时时可做、处处可为。大到购买节能与新能源汽车、高能效家电、节水型器具等节能环保产品，小到减少塑料购物袋、餐盒等一次性用品的使用，乃至随手关灯、拧紧水龙头，都是在践行绿色生活方式和消费理念，都是在为绿色发展做贡献。

绿色发展是理念，更是实践；需要坐而谋，更需起而行。只要我们坚持知行合一、从我做起，坚持步步为营、久久为功，就一定能换来蓝天常在、青山常在、绿水常在，就一定能开创社会主义生态文明新时代、赢得中华民族持续发展的美好未来。

（二）低碳校园生活

工业革命以来，人类经济发展的相关活动及在日常生活中排放的二氧化碳，大大超出了地球对二氧化碳的自然负荷能力。这导致全球气候发生显著变化，对全球自然生态系统产生了严重的有害影响。于是，人类开始反思自己的行为，"低碳"概念应运而生。

所谓"低碳"，就是倡导人们在生产、生活中，尽量减少二氧化碳排放，以减缓全球变暖的趋势。低碳生活则是人们为减少二氧化碳排放，主动、自发养成的一种新型生活方式。在减少二氧化碳排放的过程中，个人的努力具有"聚沙成塔"的意义。

作为大学生，我们应如何为节能减排做出自己的贡献？

首先，要树立绿色低碳意识，认识到节能减排的紧迫感和使命感，牢固树立绿色低碳理念，人人争做绿色低碳标兵，处处体现绿色低碳文化，时时参与绿色低碳行动。

其次，要养成绿色低碳习惯，从小事做起，节约用电、节约用水、节约用纸、节约粮食，爱护树木、不践踏草坪，讲究卫生、不乱丢杂物，绿色出行、少乘机动车，不用一次性用品、少用塑料袋、不买不必要的物品，废旧物品再利用及废电池单独分类处理等。

最后，要主动宣传绿色低碳生活方式，散播绿色低碳的"种子"，带动周围的人形成绿色低碳的生活态度，以实际行动参与低碳校园的建设。

翻转课堂

全球变暖正悄悄改变地球的"模样"

你知道吗？全球变暖正悄悄地改变着地球的"模样"。

冰川融化改变地貌，城市在消失？

2019年11月，意大利威尼斯经历了自1872年以来最危险的一周，整个水城被淹没，遭遇了"末日般的破坏"。有研究表明，随着全球气候变暖，威尼斯可能在未来几十年内被全部淹没，彻底消失。

威尼斯的洪水已然退去，但美国阿拉斯加州沿海小镇基瓦利纳的水，却无法退去。因海平面上升，这个小镇面积正不断缩减。到2025年，这里就会被海水淹没。

人类居住的城市,说淹就淹,说没就没?这一切的罪魁祸首,或许就是气候变暖导致的南北极地区冰川大量融化。

这些冰川本来安静地"沉睡"在两极,雄壮美丽。但是,气温升高让它们慢慢融化消逝。冰川融化背后,是气候变暖在加速。自20世纪90年代起,北极变暖速度是地球其他地区的两倍。

气候变暖威胁栖息地,物种在灭绝!

气候变暖还严重威胁到了北极的象征——北极熊的生存。2019年北极海冰数量显著减少,习惯在浮冰上生活的北极熊,失去了厚厚的冰层,难以捕猎食物。很多饥饿的北极熊被迫去村庄觅食。

同样面临生存威胁的还有万里之外的孟加拉虎和深海中的小丑鱼。

位于恒河三角洲的孟加拉国孙德尔本斯地区,是孟加拉虎的主要栖息地。由于海平面上升,这一地区预计会在2070年彻底消失,这里的孟加拉虎也会随之灭绝。

电影《海底总动员》中可爱的小丑鱼"尼莫",也正面临威胁。小丑鱼对栖息地相当挑剔,如果它们的自然栖息地珊瑚礁继续受到破坏,在不久的将来,人类或许只能在电影中与它们"见面"。

也有一些生物已经与地球告别。2019年2月,澳大利亚官员正式把珊瑚裸尾鼠从濒临灭绝的物种名录转移到了灭绝类别。这是第一种因全球变暖而灭绝的哺乳类动物。

科学家认为,未来几个世纪,气候变暖可能会毁掉三百多种哺乳类动物和鸟类,使更多物种从"濒临灭绝"走向"灭绝"。

呼吸的空气日益浑浊,人会变笨?

全球变暖不仅关系到冰川融化、物种灭绝,也和我们的生活息息相关。多项研究发现,气候变化可能还会导致早产率升高、GDP下降,甚至让人的智商变低。

2019年,气候变暖对地球的深刻影响,再次给人类敲响了警钟。

——网易新闻,2019年12月28日,有修改阅读以上材料,请你和同学讨论,日常生活中,还有哪些好的习惯能帮助我们节能减排,为延缓全球变暖做贡献?

(三) 做好垃圾分类

垃圾分类一般是指按一定规定或标准将垃圾分类储存、分类投放和分类搬运,从而将其转变成公共资源的一系列活动的总称。随着人们生活水平的提高和消费的增加,每天会产生大量垃圾,如果处理不当,会造成环境污染、疾病传播、土壤损坏、耕地侵占等危害,严重影响人们的生活质量与社会的可持续发展。垃圾分类处理不仅可以减少土地资源的消耗,减少污染,还可以变废为宝,提高垃圾的资源价值和经济价值,做到物尽其用。因此,垃圾分类是环境保护的重要内容,为减少垃圾带来的环境破坏,有效利用资源,做好垃圾分类是每一个公民应尽的义务。

1. 垃圾分类的意义

(1) 减少环境污染

我国现有的垃圾处理方式包括填埋和焚烧。对垃圾进行填埋处理,即使是在远离生活的场所并采用相应的隔离技术,也难以杜绝有害物质渗透。这些有害物质会随着地球的循环而进入整个生态圈,污染水源和土地,通过植物或动物最终影响人们的身体健康。另外,垃圾焚烧也会产生大量危害人体健康的有毒气体和灰尘。其实,有很大一部分垃圾是不需要填埋,也不需要焚烧的。如果我们能够做好垃圾分类,就能减少垃圾的填埋和焚烧,从而减少环境污染。

(2) 节省土地资源

填埋和堆放等垃圾处理方式占用土地资源,且垃圾填埋场属于不可复原场所,即填埋场不能够重新作为生活小区使用。此外,生活垃圾中有些物质不易降解,填埋后将使土地受到严重侵蚀。

据统计,垃圾分类可以使人均生活垃圾产生量减少三分之二,从而节省大量土地资源。

(3) 促进资源的循环利用

垃圾的产生源于人们没有利用好资源,将自己不用的资源当成垃圾抛弃,这种废弃资源的行为对整个生态系统造成的损失是不可估量的。通过垃圾分类,回收可利用的垃圾，就可以将垃圾变废为宝，促进资源的循环利用，从而保护我们的生态系统。

此外，垃圾分类有利于改善垃圾品质，使焚烧（或填埋）得以更好地无害化处理。例如，分类焚烧可起到减量（减少垃圾处理量）、减排（减少污染排放量）、提质（改善燃烧工况）、提效（提高发电效率）等作用。

（4）提高民众的环保意识

垃圾分类是处理垃圾公害的最佳解决方法和最佳出路。垃圾分类能够让民众学会节约资源、利用资源，养成良好的生活习惯，提高个人的素质素养。一个人如果能够养成良好的垃圾分类习惯，那么他就会关注环境保护问题，在生活中注意资源的珍贵性，养成节约资源的习惯。

2. 垃圾分类标准

2019年11月15日，新版《生活垃圾分类标志》标准发布，同年12月1日起正式实施。与2008版标准相比，新标准将生活垃圾类别调整为可回收物、有害垃圾、厨余垃圾和其他垃圾4大类，其对应标志如图4-7所示。

新版《生活垃圾分类标志》分别由4大类标志和11个小类标志组成，具体如表4-3所示。其中，厨余垃圾和其他垃圾又可分别称为湿垃圾和干垃圾。

图4-7 4大类生活垃圾标志

表4-3 垃圾标志的类别构成

序号	大类	小类
1	可回收物	纸类
2		塑料
3		金属
4		玻璃
5		织物
6	有害垃圾	灯管
7		家用化学品
8		电池

（续表）

序号	大类	小类
9	厨余垃圾（湿垃圾）	家庭厨余垃圾
10		餐厨垃圾
11		其他厨余垃圾
12	其他垃圾（干垃圾）	

3. 垃圾分类操作

进行垃圾分类，关键要掌握分类原则：可回收物记材质，玻、金、塑、纸、衣；有害垃圾非常少，主要是废电池、废灯管、废药品、废油漆及其容器；厨余垃圾看是不是很容易腐烂，是不是容易粉碎；剩余的就都是其他垃圾了。当发现有混淆模糊、不能准确判断类别的垃圾时，也可以把它归为其他垃圾。

（1）可回收物

可回收物（如图4-8），指适宜回收可循环利用的生活废弃物。

投放要求：

应尽量保持清洁干燥，避免污染。

立体包装物应清空内容物，清洁后压扁投放。

易破损或有尖锐边角的物品应包裹后投放。

图4-8 可回收物

（2）有害垃圾

有害垃圾（如图4-9），指生活垃圾中对人体健康或自然环境造成直接或潜在危害的物质，必须单独收集、运输、贮存，由环保部门认可的专业机构进行特殊安全处理。

投放要求：

投放时应注意轻放。

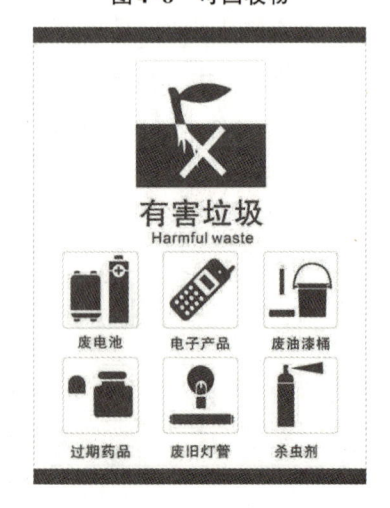

图4-9 有害垃圾

易破碎的物品及废弃药品应连带包装或包裹投放。

压力罐装容器应排空内容物后投放。

另外,在公共场所产生有害垃圾且未发现对应收集容器时,应携带至有害垃圾投放点妥善投放。

(3) 厨余垃圾

厨余垃圾(如图4-10),指食材废料、剩菜剩饭、过期食品、果皮果核、花卉绿植、中药药渣等易腐的生活废弃物。

投放要求:

厨余垃圾应从产生时就与其他品种垃圾分开收集。

投放前尽量沥干水分,有外包装的应去除外包装投放。

另外,在公共场所产生厨余垃圾且未发现对应收集容器时,应携带至厨余垃圾投放点妥善投放。

(4) 其他垃圾

其他垃圾(如图4-11),指除可回收物、有害垃圾、厨余垃圾外的其他生活垃圾,即现环卫体系主要收集和处理的垃圾。

投放要求:投入其他垃圾收集容器,并保持周边环境整洁。

图4-10　厨余垃圾　　　　图4-11　其他垃圾

我们每个人都是垃圾的制造者,又是垃圾的受害者,但我们更应该是垃圾公害的治理者。因此,我们应自觉遵守垃圾分类规定,在家中、学校或社区产生垃圾时,按要求做到将垃圾分类贮存或投放。

探究分享

有人认为,垃圾分类有什么难的,不就是从一个桶分成了四个桶?你认同这种观点吗?

请以小组为单位开展"垃圾分类,你我同行"的实践活动,比如可以以"家庭垃圾处理情况""分类后垃圾的去向""居民垃圾分类习惯的养成情况"等为主题进行实地调查活动,也可以进行垃圾分类主题的宣传活动,引导居民从小事开始,让垃圾分类从口号变成习惯,鼓励小组成员自由设计主题,独立思考完成。最后,请你根据小组设计的主题,撰写一个社会实践调查报告或活动感想。

专题五
学校劳动实践

劳动教育是国民教育体系的重要内容，是学生成长的必要途径，具有树德、增智、强体、育美的综合育人价值。实施劳动教育重点是在系统的文化知识学习之外，开展学校劳动实践，有目的、有计划地组织学生参加创新创业活动、勤工助学活动、扶贫支教活动，让学生动手实践、出力流汗，接受锻炼、磨炼意志，培养学生正确劳动价值观和良好劳动品质。

拓展资源

课前导入

2019年，西安某高校一款校园食堂外卖App在网上走红。值得一提的是，这款App不仅给该校学生创造了一个勤工助学的平台，更像"火石"一样点燃了学生们创新创业的想象力和激情。

勤工助学学生，送餐月入千元

2019年2月20日，这款校园食堂外卖App正式上线。只要是学校食堂的饭菜，全部都可以在线下单，仅供校内师生使用。参与配送的学生，全部都是学校勤工助学的学生。每个配送员都有指定负责区域，抢单成功后，取餐配送。

胡琴是该校的大一新生，她表示："学习之余还能做一点事，我觉得蛮好。"每周五下午她没有课，所以这段时间就是她的固定配送时间，平时有空闲了，还可以继续，每送1小时，底薪是10元，每单送完再提成1元，如果每天干3小时，可以挣40元到60元不等，每月下来有近千元的收入。

推动大学生参与创业

该校大二学生陈定龙曾参与了整个App的创建过程。他说，校园食堂外卖的雏形，最早是一个简单的微信群，很不专业。后来，他找到了西安另外一家高校的送餐App团队，对方向他提供了相关的技术指导和支持，从而搭建起了从一个系统构造到对接商家的服务平台，满足了用户、商户和配送员三个端口的无缝对接。

"创新创业已成为高校校园里的新时尚。"该校勤工助学平台负责人高仲铭认为，送餐App对勤工助学的学生来说，是很难得的社会实践，对有想法、有技术的学生创客们来说，则可以鼓励他们把好创意变成好产品，推动大学生参与创业。

——西安新闻网，2020年3月18日

思考：

想一想，你如何看待该校提供的"互联网＋勤工助学"平台？该模式对你有何启发？请将你的想法写在下面的框里。

一、勤工助学

勤工助学活动是指在校学生通过参加社会劳动,获取一定的劳动报酬,来维持自身学业的进行与完成。从性质上来看,它既属于社会实践,又属于学习方式。这项活动在我国并不是新生事物,早在20世纪初,周恩来等老一辈革命家就以勤工助学的方式到海外留学。但以往的这类活动只是在国外流行,在我国大规模开展还是在改革开放以后。

大学生开展的勤工助学活动主要包括劳动服务型勤工助学和技能服务型勤工助学两种类型。一是劳动服务型勤工助学,也就是通常所说的兼职打工。常见的形式有卫生清洁、商场促销、导购、饭店服务、洗碗、抄写打字、发放传单、派送报纸等。这类工作时间较短、安排较灵活,可为不同层次水平的大学生提供不同的岗位,工作酬劳也根据工作难度和时间长度的不同有所区别。二是技能服务型勤工助学。例如,家教辅导、文体教练、调查研究、行政助理、资料整理、文献翻译、科技开发、工程设计、施工管理等。这是专业技术性要求相对高的一些实践活动,与自身的专业学习和职业发展结合比较紧密,适合高年级大学生。

(一) 勤工助学的内涵

勤工助学源于"济困",通过劳动取得合法报酬来达到完成学业的目的,随着社会进步和对人才需求标准的提升,我国高校勤工助学工作已由"济困"为主的阶段过渡到"济困与成才相结合"的社会实践阶段,越来越多的学生把勤工助学作为主动适应社会、参与社会实践提升自身综合素质和能力的有效手段。高校也根据自身特点不断拓展勤工助学的内涵,尤其是2018年8月教育部、财政部下发了《高等学校学生勤工助学管理办法(修订)》以来,高校更是将勤工助学作为发挥高校育人功能,培养学生创新创业精神,创新人才培养模式的重要方式。可见,勤工助学的内涵越来越丰富、充实,完成了从纯粹"经济功能"到"人的全面发展教育功能"的转化。

1. 功能上由单纯解困向助困育人发展

高校勤工助学的最初目的是以"工"助"学",主要是为家庭经济困难学生缓解经济压力而进行的有偿劳动。如今,随着市场经济的发展和高等教育体制的改革,社会对复合型人才的需求不断扩大,学生价值观念和社会取向也在发生变化,成才意识日渐增强,勤工助学活动作为一项特殊的社会实践活动,其功能、内涵和作用不断得以拓展和延伸,育人功能更加突出,逐渐成为高校思想政治教育的重要载体和学生全面发展的有效途径。

2. 对象上由家庭贫困学生向全体学生发展

过去,高校勤工助学的参加对象主要局限于家庭经济困难的学生。随着勤工助学活动的深入发展,高校师生对勤工助学活动的多重功能有了更深入的理解。一些非贫困学生从实践锻炼的角度出发,主动加入勤工助学活动。因此参加勤工助学的学生群体也逐渐由贫困学生和非贫困学生共同组成。

3. 类型上由普通型向专业型发展

高校在开展勤工助学活动的过程中,更加注重开发学生智力,发挥专业特色和优势,提高人才培养质量,学生参加勤工助学活动由主要从事劳务型、服务型、事务型工作岗位逐渐向从事专业型、技术型、管理型工作岗位转变,实现了专业学习、能力培养和经济资助三者的有机统一。

（二）勤工助学的意义

教育部、财政部在2018年8月《高等学校勤工助学管理办法（修订）》中明确提出高等学校要发挥勤工助学育人的功能，将勤工助学作为育人的重要平台，高校应通过勤工助学工作培养大学生自强不息和创新创业的精神以及积极向上、乐观进取的人生态度。尤其是大学生更应该通过勤工助学提高自己主动适应社会的能力，磨炼自己坚强的意志力，既要学会做事，又要学会做人。因此，勤工助学劳动不仅可以使学生通过参加劳动取得相应报酬，帮助大学生顺利完成学业，而且更加有利于大学生德、智、体、美、劳全面发展。

1. 勤工助学实现了"济困"的功能

高校中很大一部分时间是由学生自由支配的，勤工助学能够让贫困学生在业余时间展示其价值，通过自己的劳动获取报酬，缓解经济压力。

2. 勤工助学提升了当代大学生的思想品格

当下，90后、00后大学生普遍害怕吃苦，缺乏服务精神和团队意识，责任意识不强。因此，勤工助学实践活动能够让学生感受到生活的艰辛，懂得什么是责任和担当，明白什么是感恩和奉献，有利于他们树立自信心，形成劳动光荣的观念，有利于他们树立正确的人生观、世界观和价值观。在团队中学会面对激烈的竞争，提高他们的心理承受能力，培养危机意识。同时，在长期的勤工助学实践中，能够培养学生的自我约束力、劳动意识和职业道德，这些都将成为他们以后人生路上的宝贵财富。

3. 勤工助学提高了学生的综合能力和素质

通过勤工助学实践活动，学生的学习能力、社会适应能力及内省能力都得到了进一步提高。从校内岗位到校外岗位，从懵懂跟从到独立选择，从忐忑上岗到独当一面，大学生的实践能力、创新意识和独立分析问题、解决问题能力等明显提升，学生提前接触社会，了解社会规则，调整自己的预期，改进自身不足，契合社会需求，团队意识、自律能力、心理素质明显提升，社会适应能力显著提高。另外，通过勤工助学，学生的学习能力和专业素质也得到了增强，学生把学到的专业知识很好地运用到实践中去,边学习边实践,不仅可以让自己的专业知识更扎实,同时还可以从专业出发去扩展与专业相关的特长,增强个人能力。

4. 勤工助学增强了学生的创新创业能力

勤工助学引导带动学生从课堂到课外,从学校到企业,从兼职到就业创业,开阔了其视野。学生在自己熟悉的领域经过长期实践已趋于理性,从创新的角度重新审视身边的各种资源,寻求资源的更佳配置,谋求更大的发展。学生在勤工助学过程中容易迸发出创新想法和创业激情,结合团队管理、项目运作、人际管理、目标管理等,进入一个融会贯通、将所学所思转化为所想所为的新境界,创新创业能力大大提升。

5. 勤工助学促进了大学生就业

勤工助学能够不断提升大学生的管理组织能力和待人处事能力,使大学生的职业素质和职业能力全方位提升,帮助他们储备优质就业和自主创业所需要的身心素质和技能。

(三) 高校勤工助学岗位设置

1. 活动管理

学生在学有余力的前提下,向学校提出勤工助学的申请,接受必要的勤工助学岗前培训和安全教育,再由学校统一安排到校内或校外的岗位上进行勤工助学活动。学校不得安排学生参加有毒、有害和危险的生产作业以及超过身体承受能力、有碍健康的劳动。任何单位和个人未经学校同意,不得聘用在校学生打工。

2. 时间安排

学生参加勤工助学不应当影响学业,原则上每周不超过8小时,每月不超过40小时。寒暑假勤工助学时间可根据学校的具体情况适当延长。

3. 劳动报酬

学生参加校内固定岗位的勤工助学,其劳动报酬由学校按月计算。每月40个工时的酬金原则上不低于当地政府或有关部门制定的最低工资标准或居民最低生活保障标准,可以适当上下浮动。

学生参加校内临时岗位的勤工助学,其劳动报酬由学校按小时计算。学生参加校外勤工助学的酬金标准不低于学校所在地政府或有关部门规定的最低工资标准,具体数额由用人单位、学校与学生协商确定,并写进聘用协议。

校内临时岗位按小时计酬。每小时酬金可参照学校当地政府或有关部门规定的最低小时工资标准合理确定。

校外勤工助学酬金标准不应低于学校当地政府或有关部门规定的最低工资标准,由用人单位、学校与学生协商确定,并写入聘用协议。

翻转课堂

请你根据自身的学习生活情况,完成下面的勤工助学表。

每周的空余时间:_____

每周的课下学习时间:_____

每周的阅读时间:_____

其他必须安排的时间(结合自己的长期目标和短期目标计算):

_____

_____

_____

每周的剩余时间:_____

4. 权益保护

学生在开始勤工助学活动前应当与有关单位签订协议,保护自身的合法权益。学生在进行校内勤工助学前,应当与学校的学生勤工助学管理服务组织签订具有法律效力的协议书。学生在进行校外勤工助学前,应当与代表学校的学生勤工助学管理服务组织、用人单位签订具有法律效力的三方协议书。协议书应当明确学校、用人单位和学生三方的权利和义务,意外伤害事故的处理办法以及争议解决方法。

> **翻转课堂**
>
> 申请勤工助学的学生须具备以下条件：
>
> （1）拥护中国共产党的领导，热爱社会主义祖国，积极践行社会主义核心价值观。
>
> （2）遵守学校各类规章制度，日常行为考核成绩在良以上（含良）。
>
> （3）学习态度端正，成绩合格。
>
> （4）身体健康，生活俭朴，无抽烟、酗酒等现象。
>
> （5）家庭经济困难的学生优先。

（四）勤工助学岗位选择

勤工助学岗位一般分为固定岗位和临时岗位。

（1）固定岗位是指持续一个学期以上的长期性岗位和寒暑假期间的连续性岗位。

（2）临时岗位是指不具有长期性，通过一次或几次勤工助学活动即完成任务的工作岗位。

岗位类型主要包括管理助理、教学助理、科研助理和辅导员助理等。学生可通过学校网站查询详细岗位信息，根据自身情况选择合适的岗位进行申请。

> **拓展阅读**
>
> ### 我和勤工助学不得不说的故事
>
> **故事1**
>
> 某高校周同学在计算机中心做勤工助学工作，她分享道："有一回一个留学生来咨询，他问我为什么他在寝室上不了网，怎样才可以上网，是不是需要路由器之类的，他是用英文讲的。我英语不是很好，有的单词听不懂，让他重复讲了好几遍才弄明白他的意思，当时就觉得太尴尬了，同时也意识到学好英语的重要性。"
>
> 周同学在工作过程中为其他同学解决麻烦的同时，更深切地认识到自己的不足之处，从而激发了加倍学习以增长知识、开阔眼界的热情。

故事2

程同学在心理健康教育中心担任学生助理,她的工作内容主要是安排预约,作为咨询者和咨询师之间沟通的桥梁,尽量让咨询者满意。"刚开始因为不太了解工作,不知道怎么处理好一些事情,做了半年之后很多都熟悉了,算是熟能生巧吧,自己也开始享受工作过程。"程同学说。

另一位心理中心的助理也深有感触,她说:"我觉得我收获最大的一点就是通过自己的讲解,可以让人们明白原本不清楚的东西,当他们发出'哦,明白了'的时候,我心里就觉得特美、特自豪。我也学到了跟人交谈的方法,不同的人要通过不同的方式,要有耐心。"

故事3

朱同学在传媒博物馆工作,她说:"在课余时间来做这些工作,能向很和蔼的、知识很丰富的老师学习,而且还能提高自己的行政办公能力,在虚心学习的过程中变得越来越积极自信。"

此外,这些同学都表示通过自己的努力工作得到报酬是一件十分令人满足的事情。"自己挣钱是一种很奇妙的感觉,每天工作也很有积极性。一是觉得自己可以挣钱了,花自己的钱也很心安。二是体会到挣钱的不易,对父母辛苦挣钱供我们读书有很大的触动,因此在生活中会尽量克制自己,学会理性消费。"周同学不禁发出这样的感慨。

——东南网,2020年10月23日,有修改

二、扶贫支教

近年来,我国的经济文化水平不断提升,但城乡发展不均衡的问题日益突显。长期以来,农村教育资源较为匮乏,农村孩子的教育问题较为突出。当前教育扶贫在国家精准扶贫工作中占有重要地位,但是农村教育资源的增长依然较为缓慢,农村教育问题的改善并不明显。

支教是一项响应国家教育扶贫大政方针并以支援乡村教育和教学管理工作为目的的志愿活动,当前越来越多高等院校的大学生投身于短期支教活动,给短期支教注入活力,一定程度上促进了教育扶贫工作的开展。

（一）高校学生扶贫支教现状

1. 教育资源匮乏,思想观念较为落后

百年大计,教育为本。支教扶贫县乡大多位于我国西部相对不发达的地区,在交通、基建、通信、卫生等方面存在着诸多问题,教育资源也相对匮乏,教育困难主要表现为：师资力量较为薄弱、教学设施配备不完备、教育理念相对落后等。虽然目前我国教育界已经提出先进的多元化、开放型教育理念,但实施过程中需要一定的经济基础、配备完整的教学设备以及良好的教学环境。因此,想要提升教育理念,必须完善教学条件,而完善教学条件的前提就是要充实教育资源。

2. 教育形式单一,需要对外开拓渠道

目前的支教形式仍然以课堂讲授为主,教育的形式较为单一,课堂进度受时间地点限制较大。与教育理念先进、教育手段丰富的地区相比,贫困地区的学生在学业深度与思维强度上缺乏竞争力。因此,贫困地区的学生更加渴望学习新知识,并且期望依靠自身的努力改变现状。而作为支教从业人员,如果在教育资源硬件条件方面暂时不能满足学生的需求,就需要尽可能拓宽渠道,利用现代化的信息技术去学习、丰富自己的教育方法,改变教育形式,让学生开阔眼界,与学生共同进步。

3. 支教人员变动快,需要加强思想建设

支教一度被看作是一种文化思潮,参与支教事业的人员一般都富有爱心,肯吃苦奉献。但支教人员流动性较强、变动较快,存在各种状况。支教人员队伍中不仅有在校大学生,也包括一些师范毕业生,或者是已经从事教学工作多年的老教师,有些支教人员还是教育领域之外的青年志愿者。另外,除了职业与学历的差别,支教人员的户籍地和个人家庭情况也存在差异,家庭条件也会导致支教人员对就业前景有所取舍,进而影响到支教事业的进行。这就需要相关部门统一组织,除了考虑支教人员福利待遇之外,还要加强支教从业人员的思想道德建设,使其能够不忘

初心,坚守使命,持久扎根于支教地区服务,为我国教育事业做出贡献。

(二) 扶贫支教的意义

1. 有利于提高学生的综合素质和专业技能

短期支教能够让在校学生走出去。一方面,学生尤其是师范类学生在学校学习的专业知识和技能,很多都停留在"纸上谈兵"的阶段,缺少一个实践的过程,使学生无法判断自己的知识是否学到位,是否能够在真正的课堂上展现自己的专业能力。短期支教刚好为其提供了一个平台,通过这个过程的反馈,能够提高大学生的专业素质。

另一方面,短期支教作为一种社会实践活动,也需要大学生具备其他各方面的基本技能,如与人交流、独立生活、应变等各方面的能力。大学生在支教过程中,需要处理各种各样的问题,也就在潜移默化中不断成长,各方面的素质都会得到极大的提升。

2. 有利于增强学生的社会责任感

大学生参与支教活动,在支教过程中暂时实现了由学生身份向教师身份的转变,使得他们的自我主体意识和道德自律意识增强。他们以自身体验的方式参与教学过程,在过程中理解自己、理解人生、理解社会,不断提高自身的精神道德素质。此外,短期支教需要学生群体深入教育资源比较贫乏、经济落后的贫困地区,这些地区的孩子大多对知识充满了渴望,对世界充满了好奇,但是贫困导致了他们接受的教育质量不高。大学生群体在与这些孩子的交往过程中,能够产生对他们的关切,深刻认识到自身所担负的责任;更能理解国家相关的教育扶贫政策,认识到"扶教育之贫"的重要性,以及自己能够做些什么。这种思想上的改变能够增强大学生的社会责任感。

3. 有利于促进教育资源的流动

新中国成立尤其是改革开放以来,我国教育事业发展取得了显著成就,教育条件得到了极大的改善。但是由于历史、文化、传统、自然条件等各方面因素的影响,教育不平衡的现象仍然存在。贫困地区教育资源的缺乏成为制约地区教育发展最重要的因素之一,其中师资的不足是最为关键的,主要体现为大多数贫困地区的学校老师较少并且以老教师居多、青年优秀教师流失现象较为严重、当地教师综合素质不高等一系列问题。在解决这些问题时,往往是从宏观上出发来制定政策的,但是要想通过发展经济和提高教育投资从根本上改变这种现状,短期内是无法实现的。因而,通过大学生短期支教带去一些优秀的师资力量,不失为一条可行的途径。短期支教带来的教育资源的流动虽然是在特定的时间和空间内,但是通过支教,大学生这个群体能够很好地起到以点带面的作用,弘扬支教文化,鼓励更多的有志青年投身农村教育,以缓解农村教育师资不足的现象。

(三) 扶贫支教的开展与实施

1. 政府方面

政府应该高度重视并大力支持大学生的短期支教活动,并与高校展开交流与合作,促使支教地的支教需求与高校的支教供给达到平衡;加大对农村地区教育资金的投入力度,改善农村地区落后的教育环境;完善农村地区的基础设施建设,健全和完善相应的法律法规来保障支教团队成员的财产和人身安全;统筹规划支教活动,制定相应的制度和规范。

翻转课堂

共青团中央、教育部关于实施青年志愿者支教扶贫接力计划有关政策的意见

(1) 经商人事部,参加支教扶贫接力计划的机关事业单位正式职工(含参加工作的应届大中专毕业生),志愿服务时间可计算工龄;参加支教扶贫接力计划的专业技术人员,在专业技术职务评聘中与学历、资历等条件相同的其他人员同等对待,工作成绩突出的可根据需要予以优先推荐评审。

(2) 应届大学毕业生录取研究生,参加支教扶贫接力计划的,可保留研究生入学资格。服务期间由招募单位发给基本生活费。

(3) 应届大学毕业生参加支教扶贫接力计划的,应先落实就业单位并办理好派遣报到手续;毕业后直接从事教育教学工作的,服务期间计算教龄。

（4）各有关部门要积极创造条件，支持广大青年按照自愿的原则参加支教扶贫接力计划，妥善解决他们的实际困难，使他们安心在贫困地区做好志愿服务工作。

2. 社会方面

社会对大学生支教活动应该表现出积极和支持的态度，肯定他们这种深入农村去传播知识和奉献爱的精神；包容他们在支教过程当中的不足之处，多去聚焦优点和肯定他们为农村教育事业所做的巨大贡献；一如既往发挥监督作用，但对于支教中存在的问题不能以偏概全，更不能以局部否定整体，要理性发声、规范言行，自觉维护支教团体的良好形象。

3. 高校方面

开展支教前期，高校要对支教地进行考察和调研，充分了解支教地的具体环境和对支教的实际需求。依据调研的具体情况对支教团队展开有针对性的培训。与此同时，高校内部的支教队要统一管理，促进支教团队之间的经验交流。制定科学统一的选拔制度，挑选出适合支教工作的人员。制定具体可量化的考核标准，组织相关人员对支教团队的工作进行评比打分。聚焦宣传创新，充分利用新媒体来宣扬支教中的优秀事迹，营造良好的支教美誉度。

4. 学生支教团队方面

（1）提高支教意识，增强责任感

学生要提高支教意识和培养责任感，了解支教的价值与意义，积极主动地参与支教活动，保持参与公益活动的热情，避免功利性、目的性。要深入农村服务基础教育，为农村教育的发展贡献力量，在支教中实现自己的人生价值。

（2）延长支教周期，创新支教理念

在支教前期要认真选拔支教队成员并开展培训，提高支教团队的质量。可适当延长支教周期，创新支教模式和理念。改变传统的以输入知识为主的教育理念，更加注重开阔农村地区学生的视野，激发其学习兴趣，注重心灵和道德的培养等方面。

(3) 加强支教团队成员综合能力的培养

支教前要做好充分的准备,深入了解支教地对支教的实际需求和教育资源现状、学生的学习基础和成长状况,提前做好教学计划安排。与往届支教队成员开展经验交流。支教要"实打实干",不搞个人享乐主义,要勇于克服困难,提高服务意识。

(4) 建立支教可持续性发展机制

建立支教可持续性发展机制,与支教地加强沟通。鼓励支教团队成员开展"1+N"的包联模式,在支教结束之后,利用QQ群、微信群、电话回访等形式与支教地的孩子及其家长保持联络,关心孩子们的学习、成长状况和心理健康情况。

拓展阅读

你是崖畔的桂,雪中的梅

人物事迹:张桂梅,女,满族,中共党员,1957年生于黑龙江省牡丹江市。1975年参加工作,1998年加入中国共产党,丽江华坪女子高级中学书记、校长,华坪县儿童福利院院长(义务兼任),丽江华坪桂梅助学会会长。

张桂梅被评为《感动中国》2020年度人物。颁奖词是这样评价她的:烂漫的山花我们发现你。自然击你以风雪,你报之以歌唱。命运置你于危崖,你馈人间以芬芳。不惧碾作尘,无意苦争春,以怒放的生命,向世界表达倔强。你是崖畔的桂,雪中的梅。

2002年,在云南儿童之家工作的张桂梅看到了很多农村贫困家庭的不幸。比如女孩辍学,再多的描述都不如一个现实画面来得直击人心——"一座高高的山上坐着一个小女孩,身旁放着镰刀和箩筐,望着远方发呆……这画面到现在我都无法忘记。"张桂梅哽咽地说:"我下车询问小女孩怎么了,她哭着说想读书,可家里穷,要让她嫁人。"

小女孩的话和渴望读书的眼神深深地烙在了张桂梅的心里,她觉得应该给山里的穷孩子一个读书的机会,让山里的女孩都能免费接受高中教育,不再陷入"低素质母亲,低素质孩儿"的恶性循环中。

于是,这个15岁便跟着姐姐来到云南参与"三线建设"的外乡人,这个经历了生死一线间的重病教师,她希望创办一所免费女子高中,彻底解决山区贫困问题。她四处奔波筹集资金,努力了五年,创办起了全国第一所全免费的公办女子高中——云南华坪女高。建校12年,张桂梅和她的教师们带领1 800多名女孩走出大山,走进了大学的校门。"只要我还有一口气,就要站在讲台上。"

华坪女高佳绩频出之时,张桂梅的健康却每况愈下,患上了10余种疾病。张桂梅说:"当听到学生大学毕业后能为社会做贡献时,我觉得值了。她们过得比我好,比我幸福,就足够了,这是对我最大的安慰。"

——搜狐网,2021年2月23日,有修改

三、创新创业教育和实践

（一）创新创业的意义

"大众创业、万众创新"出自2014年9月夏季达沃斯论坛上李克强总理的讲话。李克强提出,要在960万平方公里土地上掀起"大众创业""草根创业"的新浪潮,形成"万众创新""人人创新"的新势态。此后,他在首届世界互联网大会、国务院常务会议、2015年至2018年《政府工作报告》等场合和文件中频频阐释这一关键词。每到一地考察,他几乎都要与当地年轻的"创客"会面。他希望激发民众的创业精神和创新动力。

1. 培育和催生经济社会发展新动力的必然选择

随着中国资源环境约束日益强化,要素的规模驱动力逐步减弱,传统的高投入、高消耗、粗放式发展方式难以为继,经济发展进入新常态,需要从要素驱动、投资驱动转向创新驱动。推进大众创业、万众创新,就是要通过结构性改革、体制机制创新,消除不利于创业创新发展的各种制度束缚和桎梏,支持各类市场主体不断开办新企业、开发新产品、开拓新市场,培育新兴产业,形成小企业"铺天盖地"、大企业"顶天立地"的发展格局,实现创新驱动发展,打造新引擎,形成新动力。

2. 扩大就业实现富民之道的根本举措

中国有14亿多人口、9亿多劳动力,每年高校毕业生、农村转移劳动力、城镇困难人员、退役军人数量较多,人力资源转化为人力资本的潜力巨大,但就业总量压力较大,结构性矛盾凸显。推进大众创业、万众创新,就是要通过转变政府职能、建设服务型政府,营造公平竞争的创业环境,使有梦想、有意愿、有能力的科技人员、高校毕业生、农民工、退役军人、失业人员等各类市场创业主体"如鱼得水",通过创业增加收入,让更多的人富起来,促进收入分配结构调整,实现创新支持创业、创业带动就业的良性互动发展。

3. 激发全社会创新潜能和创业活力的有效途径

中国创新创业理念还没有深入人心,创业教育培训体系还不健全,善于创造、勇于创业的能力不足,鼓励创新、宽容失败的良好环境尚未形成。推进大众创业、万众创新,就是要通过加强全社会以创新为核心的创业教育,弘扬"敢为人先、追求创新、百折不挠"的创业精神,厚植创新文化,不断增强创新创业意识,使创新创业成为全社会共同的价值追求和行为习惯。

翻转课堂

国务院、各部委以及地方出台了很多有关大学生创新创业的文件,具体如表5-1所示。

表5-1 国务院、各部委以及地方有关大学生创新创业的文件

	发布单位	文件名称
中央	国务院	国务院办公厅关于同意建立推进大众创业万众创新部际联席会议制度的函
		国务院办公厅关于发展众创空间推进大众创新创业的指导意见
		国务院关于大力推进大众创业万众创新若干政策措施的意见
		国务院办公厅关于深化高等学校创新创业教育改革的实施意见
	发改委	国家发展改革委办公厅关于做好2015年全国大众创业万众创新活动周组织筹备工作的通知
	教育部	教育部关于大力推进高等学校创新创业教育和大学生自主创业工作的意见
	人社部	关于协助组织参加科技特派员农村科技创新创业大赛的通知
	财政部	关于进一步扩大小型微利企业所得税优惠政策范围的通知

发布单位		文件名称
地方	北京	北京市教育委员会关于印发深化高等学校创新创业教育改革实施方案的通知
		北京市教育委员会北京市财政局关于印发《北京高校大学生就业创业项目管理办法》的通知
	上海	关于加快建设具有全球影响力的科技创新中心的意见
		上海市人民政府关于进一步做好新形势下本市就业创业工作的意见
	广东	广东省教育厅关于深化高校创新创业教育改革的若干意见
		广东省人民政府关于进一步做好新形势下就业创业工作的实施意见
	江苏	江苏省政府关于进一步做好新形势下就业创业工作的实施意见
		江苏省经济和信息化委员会关于做好推进大众创新创业工作的通知
	浙江	浙江省人民政府办公厅关于加快发展众创空间促进创业创新的实施意见
		浙江省人民政府关于支持大众创业促进就业的意见
	重庆	重庆市人民政府关于做好新形势下就业创业工作的实施意见
		重庆市人民政府办公厅关于深化高等学校创新创业教育改革的通知

（二）创新创业的主要内容

1. 职业生涯规划

职业生涯规划的一般程序是：制订职业生涯规划、实施职业生涯规划、评估与调整职业生涯规划。

首先，制订职业生涯规划。制订职业生涯规划时，先要确立职业发展目标。常用的确立职业发展目标的方法是SWOT分析法，又称为态势分析法，是由旧金山大学的管理学教授于20世纪80年代初提出。SWOT分别代表：优势（Strengths）、劣势（Weaknesses）、机会（Opportunities）、威胁（Threats）。在进行职业规划时，可以运用SWOT分析法对自己的长处和短处进行自我评估，对环境进行分析找出职业机会和威胁，列出毕业后五年内的职业目标。然后要制订具体的职业发展方案。根据择己所爱、择己所能、择世所需和择己所利的原则，制定适合自身的职业发展方案。

其次，实施职业生涯规划。职业生涯规划的实施就是把具体的行动方案落到实处,分阶段进行。为实现职业目标,大学生应充分规划和利用自己的大学时光。为此,可把大学时期划分为试探期、定向期、冲刺期和分化期。在试探期,初步了解自己未来所想从事的职业或与自己所学专业对口的职业;在定向期以提高自身的基本素质为主;在冲刺期,以寻找实习单位,提高求职技能,收集公司信息,并确定是否要继续深造为主;在分化期,以工作申请、成功就业或继续深造为主。

最后,评估与调整职业生涯规划。职业生涯规划评估是指在实现职业目标的过程中有意识地收集相关信息和评价,不断地总结经验和教训,自觉地修正对自我的认知,适时地调整职业目标。职业生涯规划调整是指根据客观情况的变化,对职业生涯规划进行修订。修订的内容主要包括:生涯机会的重新评估、职业的重新选择、职业目标的修订、计划和措施的变更等。

2. 公益创业

公益创业是指个人、社会组织或者网络等在社会使命的激发下,追求创新、效率和社会效果,面向社会需要,建立新的组织,向公众提供产品或服务的社会活动。

大学生公益创业活动内容丰富多彩,涉及环境保护、农业发展、弱势人群、慈善金融、社区发展、社会服务等经济社会生活的各个领域,其内容主要有四个方面:一是教育,如对农村留守儿童和城市外来务工人员的子女、自闭症儿童等的教育、帮扶;二是文化,如非物质文化遗产保护、文艺演出下乡等文化艺术的传承活动;三是医疗,如医疗健康服务、义务献血、骨髓库建设等社会医疗卫生活动;四是科技,如通过引进某一种技术来提高受助群体的生活水平和生活质量。大学生公益创业的形式也是多种多样的,包括志愿公益活动、创建非营利性组织、兼顾社会效益的企业和产学研一体化等。在我国公益创业发展过程中,大学生群体起到了不可忽视的推动作用。复旦大学公益创业基地、上海财经大学社会企业研究与发展中心、上海NP公益孵化器、广州职业技术学院社会创业研究所等依托高校建立的社会公益创业研究基地、服务机构先后成立。

3. "互联网+"创业

"互联网+"创业可具体分为跨界创业与平台创业。

"互联网+"跨界创业主要是基于互联网实现的,因此属于对传统产业的升级甚至颠覆。它的最大特点就是提高系统效率。跨界融合可以集合多方面的资源,并且发挥更大的智慧。比如,苹果从软件行业跨界到手机制造行业,在五年之内成为行业的领军企业。小米从风投行业跨界到手机制造行业,在两年内创造了销售奇迹。这些都属于跨界商业模式。"互联网+"环境下的大学生需要具备一种跨界商业模式思维,这样才能实现成功创业。

"互联网+"平台创业主要是借助互联网的优势,在互联网上打造一个较大的平台,这样就可以实现产品的闭环设计,为用户提供更多的产品。比如,淘宝商城就是这样一个非常成功的平台,创业团队在十年内实现了网上商业平台的打造,人们可以实现足不出户购买各种产品的愿望,平台也可以不断地拓展增值服务与产品。商业模式的变化打破了传统,真正将生产、营销和服务等环节进行有机融合,从而降低产品成本,并且提高产品的流通效率。

4. 科技创业

科技创业是指大学生利用自己所学的知识与资源进行创新创业。近年来,各类创新创业赛事活动纷纷出现,众多有创业想法的大学生参加比赛,寻找有商机的创业项目,撰写详细的创业计划书,这些参赛的部分项目也会吸引投资商,获得资金支持。科技创业需要创业者既拥有专业的知识,又同时具备创业的素质。此外,在科技创业团队中,不仅需要踏实肯干、任劳任怨的执行者,更需要具有战略眼光、良好的组织协调能力的管理者。执行者主要负责前期市场开发与宣传、客户维护、产品推介等工作。管理者主要负责制定公司未来发展方向和长远发展规划,统筹考虑公司运营成本、投入、产出效益等。在大学生科技创业团队建设中还要注重企业文化建设,以优秀文化塑造企业形象,凝聚团队力量,打造企业品牌,增进成员互信,实现风险共担、利益共享。

(三)创新创业教育的实施

开展创新创业教育,积极鼓励高校学生自主创业,是促进高校毕业生充分就业的重要措施。为统筹做好创新创业教育、创业基地建设和促进大学生自主创业工作,国家出台了《关于大力推进大众创业万众创新若干政策措施的意见》(国发〔2015〕32号)、《关于强化实施创新驱动发展战略进一步推进大众创业万众创新深入发展的意见》(国发〔2017〕37号)、《关于推动创新创业高质量发展打造"双创"升级版的意见》(国发〔2018〕32号)等一系列的政策文件,指导创新创业的实施。

1. 加强创业道德教育

培养学生良好的诚信意识,是大学生创业的根本。大学生加强自身创业道德教育要注意以下几个方面。一是开展诚信创业遵纪守法的教育。提高自身对于诚信创业遵纪守法的认识,以诚信创业遵纪守法为荣、不诚信创业遵纪守法为耻,做到言必信、行必果。二是培养创业信念。大学生只有培养创业信念,才能在面对创业活动中的各种困难时克服挫折、不怕失败,才能更好地实现大学生的价值。三是培养艰苦奋斗、团结友爱的精神。创业是创业者付出精力、心血、财力、物力的过程,企业的运行更需要创业者悉心地经营管理,是一个十分艰辛的过程。创业理想的实现是一个艰苦奋斗、团结合作的过程,只谈理想不去奋斗,一切理想都是空架子。

2. 完善"创新创业+劳动教育"的课程设置,提升学生实践能力

劳动情怀是对劳动饱含的深厚感情,培育学生感受"劳动最光荣、劳动最崇高、劳动最伟大、劳动最美丽"的情感是劳动教育中不可或缺的重要内容。在创新创业教育中,一方面,需要引导大学生努力学习科学文化知识;另一方面,还需要教育他们坚定理想信念、培育劳动情怀,自觉把人生理想、家庭幸福融入国家富强、民族复兴的伟业中。课程是育人的基本途径,在劳动教育与创新创业教育的融合过程中,课程设置关系到如何培养学生,学生应具备哪些知识结构,融合课程除了要提高学生的劳动意识、培育学生的劳动情怀,更要有的放矢地通过"创新创业+劳动教育"体系,提升高校学生的实践能力。

3. 围绕创新创业实践活动,激发学生全面发展的内生动力

劳动教育的内容具有实践性特点,而创新创业教育从根本上说是劳动实践。在创新创业实践过程中,通过课内教学实践、课外活动实践、校外实习实践三种形式,培养学生创新精神、创业意识和创新创业能力,增强学生劳动意识,提升劳动能力。一是课内教学实践。引导学生重视,并有效利用实验实践教学课时,加强实操实训等体现劳动技能的课堂教学活动。增加立足"劳动+"的学生创新创业类科研立项,提高立项率。二是课外活动实践。鼓励学生通过各种课外活动提高劳动意识,获得劳动能力,让学生尊重劳动者、理解劳动平等。在深入开展大学生创新创

业工作中,扩大学生劳动参与面。鼓励学生参与社会劳动实践,在寒暑假和实践周让学生下基层参与生产劳动、参观实训基地,结合专业特点参与讲述劳动者的故事、弘扬劳动精神。学校开展各类创新创业训练计划实践活动,使学生在实践中体验劳动带来的收获。学校还可成立学生创新创业相关社团,举办创新创业讲座沙龙、路演等活动,培养学生的劳动观念。三是校外实习实践。通过鼓励学生参加创新创业项目、志愿服务、暑期社会实践等活动,培养学生"真抓实干、埋头苦干"的劳动习惯。

4. 搭建创新创业与劳动教育融合平台,推动多方协同合作

高校建设创新创业项目的孵化基地是大学生劳动实践和劳动创造的实践平台,对于各类创新创业项目的孵化和成长、学生获得真实的创业体验和劳动体验起着积极的推动作用。很多高校建立大学生创业园,聘请校内外创新创业导师。首先,面向全校范围遴选项目团队,提供免费使用的创业园区办公场所和公共设施,设立数目可观的创业基金,为创新创业项目搭建指导服务平台,建立具有劳动精神的服务团队,实行全程指导和服务。其次,充分利用社会资源。美国高等院校创新创业教育起步早,其获得成功的原因之一就是积极推动企业进校园,充分发挥企业家的作用。

在创新创业教育与劳动教育相融合的过程中,要加强高校与企业、劳模共同育人的模式,建立融合平台。首先,促进高校与企业的产学研结合,引导企业将研究机构设立在高校,为学生提供劳动实践机会,将劳动教育融入其中。其次,发挥企业中劳模作为创业导师的优势,凭借其丰富的人生经验和工作经历,为在校大学生开设劳动教育课程,树立榜样形象。最后,利用劳模所在企业与高校共同搭建的平台资源,可以将教学实践场所延伸到校外,结合社会需求开展劳动创新创业项目的实践活动等,更好地发挥多方协同合力,实现实践育人。

拓展阅读

用"品质"说话的好大米

高校: 大连海事大学

项目: 大米科技Idami智慧厨房+农业4.0

"博士后""卖大米",当这两个词奇妙地组合在一起,人们不禁疑惑:博士后卖大米?怎么卖?

杨健是位名副其实的创业达人。自2005年白手起家开始创业,杨健凭借着执着与勤奋一路打拼,创业领域涉及互联网、软件、动漫、教育、汽车配套等。一直活跃在商界的杨健,近一年时间选择了"隐退"。如今,他辞去了多重头衔,以大连大米科技有限公司董事长的身份,带着他的创业项目重返人们的视线。

把最好的送给家人

"我们大米科技的宗旨是为客户提供安全、方便、好吃的大米。"具有多年创业经验的杨健深知产品质量才是"笼络"人心的长久之策。

谈起与大米的缘分,杨健笑称源自一次偶然机会,朋友送来一包自家产的五常大米,饭做熟后满屋飘香。女儿吃完高兴地告诉杨健:"爸爸,以后咱家就吃这个大米吧。"一直以来,如何让孩子吃得更健康、更安全是家长最关心的话题。面对女儿的认可以及当前市场五常大米的乱象,杨健开始思考大米的市场前景。为此,他迅速集结了6位发起人:有卖过鸡蛋的,有做网络科技的,也有硬件发烧友,但他们都有一个共同的角色——爸爸。为了让家人吃上安全、方便、好吃的五常大米,大家一拍即合,"爸爸团队"迅速组建成立。

担任过国企总经理、达沃斯全球杰出青年社区执委,曾控股、参股企业10余家,一个高大上的博士后突然转向卖大米,这一步的跨越很艰难但也很坚定。

吃得放心才是真的好

"旨在打造一款吃得放心的食品。"杨健表示,这才是"大米科技Idami智慧厨房+农业4.0"项目启动的初衷。

"我们区别于做手机的'小米公司',大米科技是实实在在地卖大米。而且不同于普通农贸市场的小商贩,我们借助的是当下最时髦的'互联网+'思维,从线上到线下,力求打通从农田到餐桌的全供应链。"杨健略显骄傲地说,这种理念最大的突破就在于交易模式的变更。

在传统思维下,市场销售是后置的,大米在卖场等待消费者前来选购,销售企业也都止步于此，不再介入上游或下游的环节。而大米科技将这个产业链又往后延伸扩展，不但通过农田众筹直接为客户提供物美价廉的大米，还设计了智能米桶、智能电饭煲，通过使用大米科技手机App，不但可以监测大米的剩余量并直接手机订购，还能随时随地远程遥控做饭，实现到家即可吃饭。

线上线下两不误

公司刚成立3个月时，大米产品就曾取得天猫销量第一的成绩，目前累积销售额已超过2 000万，但杨健并不满足于大米本身的初期销售，建设线下体验店，以智能厨房产品带动大米消费才是他关注的重点。

如今，"Idami智慧厨房＋农业4.0"的线下体验店的设置也在如火如荼地进行中。继大连市内6家体验店陆续开业后，全国已有60多个城市签约加盟，30家体验店即将开设。这一项目将会以大连为中心，形成辐射全国的产业链条。

O2O线下体验店的设置，让消费者在体验科技的同时，体验到真正的五常大米。杨健将传统行业与互联网紧密结合，从根本上解决了传统供应链的不便捷、中间环节多、无法全方位体现产品优势等问题，创造了全新的大米交易模式。

"我们要给客户提供的不仅是大米，更是直接供上餐桌的大米饭。下一步，我们的团队还会力争实现年底月销售额破亿，线下体验店数量突破1 000家的目标。大米科技的未来规划是建成全国最大的厨房消费垂直电商平台。"谈及大米科技的未来，杨健满怀信心。

——新浪网，2018年9月10日，有修改

探究分享

阅读以下材料，讨论以下问题。

（1）请分析一下乔治是如何准确识别创业资源的。

（2）如果你是乔治，你会如何开展你的创新创业活动？

就地打井

乔治不是外国人,而是个地道的中国人。

10年前,乔治还是南京街头的一个问题少年,喜欢跟人动拳头打架。长大以后的乔治决定干点正经事,他参加了厨师培训班,技术学得不错,但是快毕业时,他却发现自己对烹调没有什么兴趣。他感兴趣的是理发,现在叫美发。他发现当一个发型师是一件很美妙的事情。所以,他放下勺子,拿起剪刀,先在南京,后又到上海,苦练起了美发技术,并且很快就显露出过人的才华。

2006年,某明星在上海开了一家名叫露莎莲妮的高档发型屋,乔治正式出师,当上了露莎莲妮的技师,帮人洗发、烫发、染发。没过几天老板发现了他在发型设计上的天分,破格提升他为发型师,与从法国、新加坡聘请来的那些发型师平起平坐。后来乔治又辗转于杭州等地一些发屋,博采众长,磨炼自己的技术。时机成熟后,乔治开始了自己的创业生涯。因为缺乏资金,他无力租赁繁华的店面,只能在杭州一个偏僻的角落接下一家别人经营不下去的发型屋,改造后打出了自己的招牌:乔治发型设计中心。

开始时因为地段不好,乔治的发型屋生意很不景气。但不久后,就有很多过去乔治在别的发型屋做设计师时的忠实"Fans"找过来,这样一传十、十传百,大家就知道了:杭州那个发型做得很好的"乔治"现在到了某某地方,自己开了一家发型设计中心。乔治渐渐走出了困境,仅仅过了一年多,乔治的发型中心就扩建了,现在面积已达500多平方米,紧跟杭州那些财大气粗的美发巨无霸,如"新爱情故事""阿伟""东方名剪"等,成为杭州美发市场的一个后起之秀。

——吕爽《大学生创新创业实务指导》,中国铁道出版社,2017年,有修改

专题六
社会劳动实践

社会劳动实践是学校教育的一种延伸,是大学生走出校门、接触社会、了解国情、学以致用的重要机会,是大学生投身社会建设、向群众学习、锻炼才干的重要渠道,是提升思想觉悟、增强大学生服务社会意识,促进大学生健康成长的有效途径。

拓展资源

课前导入

2020年4月18日,宁波大学商学院举办了一场特别的线上活动。活动的主题是发动青年学子化身"带货网红",帮助更多的农副产品通过线上直播"走出去"。该活动不仅把山货卖到了全国各地,还吸引了学校的留学生参加直播,把山货、农旅产品等卖到了海外。

宁波大学疫情期间特别线上活动的成功举办,得益于学校长期以来通过开展助农竞赛、进行助农社会实践,让青年学子长真本领、练真功夫。

"我们贵州的黑木耳质地柔软,泡发后口感比一般的黑木耳更好。"宁波大学商学院学生吴远涵至今对于2018年的那场比赛记忆犹新。在宁波市江北区主办的扶贫主题市场营销大赛现场,他凭借出色的营销技巧取得了不俗的成绩,最终获得比赛的冠军。吴远涵觉得参加这场大赛的收获非常大,"不仅实践了课堂所学,还帮助了宁波对口帮扶县——贵州省黔西南布依族苗族自治州册亨县的农民"。

——中青网,2020年4月23日

想一想,你参加过什么样的社会劳动实践?你认为什么形式的劳动实践对大学生更有用?请将你的想法写在下面的框里。

一、社会实践

（一）社会实践的意义

1. 有利于提高学生的思想政治素质

高校学生参加社会实践，了解社会、认识国情，增长才干、奉献社会，锻炼毅力、培养品格，对于加深对党的路线方针政策的认识，坚定在中国共产党领导下，走中国特色社会主义道路，实现中华民族伟大复兴的共同理想和信念，增强历史使命感和社会责任感，具有不可替代的重要作用，对于培养中国特色社会主义事业的合格建设者和可靠接班人具有极其重要的意义。

2. 有利于增长学生的实践本领

高校学生本领的增长，既要依靠课堂教学方面的知识授受，也要依靠社会实践方面的亲身体验。引导学生有目的、有计划、有组织地参与社会实践活动，既可以使课堂教学方面的知识在实践中得以应用、检验，又可以在实打实的社会实践活动中使自身的实践本领得到增长，在一点一滴的社会实践活动中逐步培养自身的实践习惯、实践责任、实践品质，在社会实践活动的过程中积累自身独特的社会实践经验，从而有利于学生德智体美劳的全面发展。

3. 有利于增强学生的责任感和使命感

高校学生的社会实践是增强其社会责任感和历史使命感的有效途径。高校学生的社会实践应遵循贴近生活、贴近现实、贴近社会、贴近群众的原则，应要求其走出校园，走出课堂，深入社会，深入基层，深入实践，使学生在实践中充分认识到社会主义现代化建设的成就，理性地思考全面建设小康社会和实现中华民族伟大复兴所面临的问题，有效体验社会生活的酸甜苦辣，从而端正自身的思想认识，约束自身的实践行为，促进自身的心理成长，理解自身作为社会主义现代化建设者的责任和使命，形成良好的社会责任感和历史使命感。

（二）社会实践的主要内容

1. 实践教学

实践教学是在学校的引导下,学生以获得直接经验或将间接经验转化为直接经验为主要目的,参与理论教学之外的具体社会生活的教学活动。实践教学包括课内实践、课外实践、校外实践。课内实践是指采取课程形式进行的实践教学活动。这里的课程,是狭义的课程,是显性课程,不包括隐性课程。课内实践的内容主要是技能训练,常常采取实验、情景模拟等形式,多数在虚拟的环境中以练习的方式进行。课外实践是指以课外(校内)活动形式进行实践教学,有些可以称为隐性课程,形式丰富多样。校外实践是指在校外进行的实践教学活动,一般在真实的社会生活中进行,但是也可能是在校外的培训机构中进行虚拟练习。

2. 军政训练

军政训练包括政训和军训两个部分。

政训内容包括:一是毛泽东军事思想的教育。毛泽东军事思想的主要内容包括马列主义的战争观和方法论、人民军队和人民战争的战略战术思想等。通过学习,大学生应能够理解和掌握毛泽东思想的理论体系,把握其精神实质。二是做合格大学生的教育。积极学习《高等学校学生行为准则(试行)》《普通高等学校学生管理规定》及校纪校规等内容,尽快完成由中学生到大学生角色的转换,树立大学阶段的奋斗目标。三是解放军的优良传统和建军史的教育。解放军的优良传统包括坚持党对军队的绝对领导,全心全意为人民服务、"三大纪律八项注意"、革命英雄主义、爱国主义和国际主义精神,以及团结、紧张、严肃、活泼的生活作风等;解放军建军史,包括中国人民解放军诞生、壮大的过程以及为解放全中国前仆后继、英勇奋斗的革命业绩,等等。

军训内容包括:一是队列训练。队列训练包括队列动作、队形变化和社会实列指挥,它是培养学生良好的军人姿态、严格的组织纪律观念和集体主义精神的重要措施。二是内务训练。军训既锻炼学生的战斗能力,又增强了学生的组织纪律性。

3. 社会调查

一般来说，社会调查主要包括民生社会热点调查、行业发展与专业需求调查和专题调查等。民生社会热点调查是指大学生以自己独特的视角，围绕经济社会发展和居民生活情况的某一具体问题展开调查研究，提出对问题的看法以及解决的意见和建议，提升认识社会和分析解决问题的能力，并为服务人民群众、实现国家发展贡献力量。行业发展与专业需求调查是指大学生结合自身所学专业，选择相关行业中的具体单位展开调查研究，在实践过程中，通过在业内了解行业发展现状和前景，调查所学专业的社会需求，提出与行业现实相适应的职业规划，激发大学生对专业学习的热情并培养良好的就业心态，为充分就业做好准备。高等学校及校外社会组织（政府机关、研究机构、社会团体等）常会根据实际工作的需要，组织一些专题调研项目。大学生可以根据自身能力的需要及兴趣爱好，选择参加相应的专题调研活动。参加专题调研，可以将实践锻炼与服务社会相结合，更广泛地接触社会生活，锻炼和提高社会活动能力，得出有价值的实践成果。

4. 生产劳动和社会服务

高校学生参加生产劳动，有利于培养大学生的劳动观念、职业道德和劳动技能。大学生参加的生产劳动主要包括：工农业生产活动和环卫清洁公益劳动。工农业生产活动是最朴素的大学生社会实践形式。实践中大学生能体会到劳动的快乐，并与劳动人民建立真挚的感情。环卫清洁公益劳动是常见的大学生社会实践形式。大学生集中开展维护公共卫生、清扫垃圾、保护绿地、植树造林等内容的实践活动，能够为提升公共环境质量、促进环保事业发展等发挥积极的作用。

高校学生参加社区劳动、志愿服务等公益活动，可以运用所学知识和技能服务人民、贡献社会，培养为人民服务的道德观，弘扬社会主义道德风尚。

5. "红色之旅"学习参观

高校学生到革命纪念地、改革开放前沿和经济社会发展成效显著的地方学习参观，了解中国革命、建设和改革开放的历史和成就，有利于增强大学生对党的感情、对中国特色社会主义的热爱，激发自身全面建设小康社会、实现中华民族伟大复兴的责任感。

红色旅游主要是指以中国共产党领导人民在革命和战争时期建立丰功伟绩所形成的纪念地、标志物为载体,以其所承载的革命历史、革命事迹和革命精神为内涵,组织接待旅游者,开展缅怀学习、参观游览的主题性旅游活动。

6. "三下乡"活动

文化、科技、卫生"三下乡"活动,是新形势下学生参加社会实践的有效载体。

以2019年为例,全国大中专学生志愿者暑期文化科技卫生"三下乡"社会实践活动的主要内容包括以下方面。一是理论普及宣讲。重点围绕习近平新时代中国特色社会主义思想和党的十九大精神,开展宣讲报告、学习座谈、调查研究、政策宣传等形式的社会实践活动。二是历史成就观察。重点围绕中华人民共和国成立70多年以来经济社会发展的历史性成就、"十三五"规划实施情况等,开展参观考察、国情调研、学习体验等形式的社会实践活动。三是依法治国宣讲。重点围绕实施"七五"普法规划,开展法律法规宣传、法治建设宣讲、法治成果展示等形式的社会实践活动。四是科技支农帮扶。重点围绕脱贫攻坚和乡村振兴,开展农技培训推广、农业金融知识下乡、乡村规划引领、乡风文明宣传等形式的社会实践活动。五是教育关爱服务。重点围绕"七彩假期"青年志愿者关爱农村留守儿童志愿服务项目和"情暖童心"关爱保护农村留守儿童工程,坚持扶贫与扶志、扶智结合,开展学业辅导、亲情陪伴、自护教育、素质拓展、敬老孝亲等形式的精准关爱志愿服务活动。六是文化艺术服务。重点围绕培育和践行社会主义核心价值观,开展艺术创作、惠民展演、全民阅读、文化普及等形式的社会实践活动。七是爱心医疗服务。重点围绕健康中国战略,开展健康普查、巡回医疗、流行性疾病防治、基本医疗卫生知识普及、乡(村)医疗站建设的社会实践活动。八是美丽中国实践。重点围绕美丽中国建设和打好污染防治攻坚战,开展环境治理、科普宣讲、社会调研、发展献策等形式的社会实践活动。九是专项活动,包括"青年大学习"行动专项计划、"投身脱贫攻坚"专项计划、"投身乡村振兴"专项计划等。

(三)社会实践的评价

1. 评价原则

(1)系统性原则。大学生社会实践是一项涉及个人、学校和社会的系统工程,因此,对社会实践的评价应采取系统论的观点和方法,全面考察保障社会实践的各个要素,使影响大学生社会实践效果的各因素、实践过程的各环节紧密联系,形成有机整体,以便有效控制。

(2) 知行统一原则。大学生社会实践的目的在于实现理论学习和实践有机结合,用实践检验学习,从而完善学生的知识结构,提高其应用能力和创新能力。因此,大学生社会实践选题必须符合高校专业教育的人才培养目标,与专业学习社会需求相结合。

(3) 主体性原则。大学生社会实践的主体是学生,发挥学生的主观能动性应贯穿社会实践的始终。因此,凸显学生的主体性要成为社会实践评价的价值取向。在社会实践评价过程中遵循主体性原则,就是指让学生也参与评价,强化评价对象的主体意识。

(4) 可把握性原则。大学生社会实践形式多样、内容丰富,因此,对大学生社会实践的评价,评价体(语言、数据等)要具体、明确、准确,反映出可把握性特点。评价者要对社会实践进行阶段性、真实、具体详细的考察,通过各阶段的评价材料,反映社会实践的过程,最终做出科学的评价。

2. 评价内容

根据评价基准与实践活动的基本环节,评价内容由实践主题、实践计划、实践态度和能力、实践成果、实践保障措施五部分组成。确定社会实践主题是大学生社会实践的首要环节,实践主题的选择带有方向性,只有方向准确、成果丰富的社会实践活动才是有效的社会实践。实践计划主要指由实践主题出发,为达预期目标所设计的整个实践活动的方案。一个好的实践计划,是社会实践活动有条不紊进行的前提。学生在社会实践活动开展过程中的态度和能力是影响社会实践效果的一个重要因素。实践态度和能力主要从实践态度和实践能力两个方面进行评价。实践的最后一个环节——总结和答辩要求学生对实践成果进行归纳、整理和总结,并与实践计划对比落实,突出理论升华。所以,实践成果也是社会实践评价最重要的内容。实践保障措施主要评价学校重视程度、指导教师参与程度、实践单位(基地)重视程度三个方面。学校重视程度是指学校领导各部门(单位)对学生社会实践的重视程度。指导教师参与程度是指教师参与社会实践并为之付出努力的程度。实践单位(基地)重视程度是指实践活动接收单位(或实践基地)领导、部门主管、导师等对实践活动的支持力度和对学生的指导程度。

3. 评价方法

综合运用形成性评价与终结性评价,静态评价与动态评价,定量评价与定性评价,学校(教师)评价、社会(导师)评价与自我评价,科学有效地评价大学生的实践活动效果。形成性评价是指对学生实践行为与效果进行日常性记载。终结性评价一般是在实践活动之后,对学生实践活动所做出的全面评价。这种评价是以形成性评价为基础和前提的,依据大量的第一手材料,因而具有较强的严肃性和科学性。静态评价是对学生社会实践的各项评价内容和指标进行"1+1"式的评价,对被评价对象做出某种资料、资格证明,得出学生在实践活动中的评价结论。动态评价则有一个分析过程,通过分析、比较评价,把握学生在实践过程中思想与行为发展变化的特征和轨迹。为了实现大学生社会实践评价的可把握性,常常使用定量评价,尽可能把考评目标量化。目标的量化,可提供一些客观资料,但如果片面追求量化评价,就会忽视一些一时不能确定的因素,从而导致评价的不全面。由教育引起的人的行为变化是很复杂的,因此在社会实践评价中应重视定性分析。指导教师和校外导师作为社会实践的指导者,对学生在实践过程中创新创业教育与体现出来的理想、信念、智慧、能力等最有发言权。而学生自我评价的重要性,体现在这种评价能真实反映个体自我发展的意向和为这种意向所做出的努力,使外界从中获得来自学生自我发展的信息。

(四) 社会实践保障措施

必要的保障措施,是大学生社会实践活动顺利开展的重要条件。一是组织保障。大学生开展社会实践活动需要来自各方面的支持与帮助,其中包括学校建立一套完整的组织体系来保障大学生社会实践的开展。二是时间保障。按照学校教学计划对社会实践提出的时间和任务要求,确保参与社会实践的必要时间与精力等,保质保量修习完规定的学时学分。三是基地保障。从大学生锻炼成长的需要出发,主动与城市社区、农村乡镇、爱国主义教育基地、企事业单位、部队、社会服务机构等联系,长期坚持,使学生受到锻炼,让当地见效益。四是激励保障。从大学生社会实践的特点和实际出发,建立完善的科学的激励制度,促进大学生社会实践的开展与完善。五是经费保障。学校要从自身实际出发,设立专门的社会实践资金,用于社会实践的基本开支,保障大学生社会实践的顺利开展。

拓展阅读

大学生志愿者送科技下乡助力脱贫攻坚

2020年5月3日,在五四青年节来临之际,伟人之乡邓小平故里广安市武胜县胜利镇吊井龙村这个贫困村,一大早迎来了一群"红马甲"——大学生志愿者。他们将新时代火热的爱国情怀投入到伟大的脱贫攻坚事业中,为贫困户送去家禽饲养技术、蔬菜种子及其栽培技术,为疫情后贫困户复耕复产、脱贫增收增强信心。

在贫困户刘双桂家,来自西安理工大学电气学院的志愿者梁馨月第三次来到她家进行脱贫攻坚回头看、回头帮。在庭院养鸡场,志愿者把《庭院养鸡病害防治技术》送到刘双桂手中,并给她详细讲解如何防治禽流感等养鸡技术知识。志愿者们集思广益,为她家增添巩固脱贫帮扶措施,细算经济账,还专门把珍珠鸡养殖技术填写在她家的《扶贫手册》上,以助其发展庭院规模经济,养经济效益好的高产肉鸡增收稳脱贫。

在贫困户舒正光家,毕业于西安理工大学水电学院的志愿者毛朝轩为养殖能手舒东梅指导家禽防病养殖知识和养鹅技术。在同组脱贫致富带头人陈杰明的养鸭场,志愿者们还给他讲授稻田规模养鸭技术,并送去《高效养鸭新技术》等7本专业养鸭防病高产技术书籍。陈杰明高兴地说:"大学生志愿者送科技到田间地头,大大增强了我带头引领全村脱贫致富的信心和决心。"

在贫困户陈联才的蔬菜地里,志愿者们现场演示蔬菜种植技术、花椒高产防倒伏技术,并送上高产四季莴笋、香菜、茄子、冬瓜、西红柿等种子。

——四川农村日报网,2020年5月3日,有修改

二、社区劳动

社区是社会的基本组成单元,社区教育旨在提高社区居民素质,促进经济发展和社会稳定,是加快学习型社会建设的重要组成部分。教育部等九部门关于《进一步推进社区教育发展的意见》中指出"开放共享学校资源,鼓励各级各类学校充分利用场地设施、课程资源、师资、教学实训设备等积极筹办和参与社区教育"。高校是我国地方经济社会发展的重要引擎,是城市发展的核心竞争力之一,高校必须立足地方,依靠地方,服务地方,才能不断增强自身发展能力,提升服务水平,这里的地方指以社区为代表的某一区域。由此可见,鼓励和支持各类高校积极参与学习型社区建设,提升社区教育和服务水平,是未来我国社区建设和发展的趋势。

(一)社区劳动教育的内涵

高校通过社区合作,调整革新人才培养方案,提升自身服务地方经济发展的能力,从而更好地实现其社会功能。正确理解和科学把握高校教育参与社区教育的内涵是促进高校教育社区化和社区教育专业化的理论基础。高校参与社区教育是一种功能型的新型机构或职能,需要双方在组织管理上充分融合互通、协作统一,是我国未来高校依靠社区、融入社区、发展社区,并通过这种形式获得自我发展的新趋势。

(二)社区劳动教育的意义

1. 有利于推动学习型社区建设进程

随着信息技术的迅猛发展,社会成员需要不断学习获取知识,提升自身素质才能适应社会发展,避免被淘汰。我国多次出台相关政策,《国家中长期教育改革和发展规划纲要(2010—2020年)》《关于推进学习型城市建设的意见》和《关于进一步推进社区教育发展的意见》等文件中都强调构建终身学习、全民学习教育体系,推进学习型社会建设,大力提高国民素质。学习型社区建设是学习型社会建设的一个重要组成部分。高校作为学习社区建设的重要参与者,助力社区教育发展是其职能。社区成员数量多,知识结构参差不齐,学习需求不同,社区教育不仅仅是知识与学历的获取,更重要的是开发整合利用社区教育资源,面向社区提供以公民素养、人文艺术、职业技能、生活休闲等为核心的服务性活动。高校参与社区教育,可以为社区教育提供优质的专业课程资源、为社区教育提供一些教学设备与培训活动场所,甚至是专业化的师资支持,有助于提高社区教育的管理水平,促进社区教育专业化的长远发展。因此,高校参与社区教育必将有利于推动学习型社区建设进程。

2. 有利于促进高校自身的发展

高等学校应面向社区、服务社区,为社区发展提供专业技能型人才培养。其参与社区教育必将紧密联系社会、服务社会,更加完善其服务社区发展的职能。社区涵盖了地方政府、企事业单位、乡镇街道、学校、培训教育机构、社会团体等内容要素,是一个微型社会。高校与社区教育融合,为社区提供服务,能够拓宽高等教育的范围,丰富教学内容,创新教学方法,为高等教育提供更多的发展机遇,增强办学竞争力,促进自身发展。同时,高等学校参与社区教育也为学校教师提供更多社会实践机会,面对不同教学对象、教学内容需与社会需求匹配,教师的教学综合能力得到有效提升,而师资力量的提升也必将促进院校的发展。

3. 有利于不同阶层人员的学习发展

高等学校参与社区教育,最直接的受益者是社区内不同阶层的人员。学生通过参与社区教育活动,提高了社会认知,进一步了解了企业,社会经验越来越丰富,为实现个人发展奠定了坚实的基础。教师既是社区教育的服务者又是实施者与指导者,在合作融通过程中,必将走出校门深入社区,有利于发展教师的应用型技能。社区居民、任何形式社会团体和组织,可以根据自身兴趣爱好和发展需求,选择更专业、更开放的交流学习平台。

（三）社区劳动教育实践的实施

1. 了解社区居民服务需求

一般来说，社区居民的服务需求包括以下内容：青少年、儿童课业辅导，老年长者陪伴慰问，重病患者陪护，残疾人康复训练，法律咨询，心理辅导等。社区具有一定的地域性特点，每个社区的服务需求有一定的差异，我们要先对社区居民的服务需求进行调查、了解后，再有针对性地为他们提供服务。

社区服务需求调查，是开展社区服务最重要的前期工作。一般来说，我们可以直接和社区工作者沟通或发放调查问卷来了解社区的需求，然后再结合自己的能力和专业优势确定服务项目。参与社区服务活动的形式主要有个人参与和团队小组参与两种。

2. 策划社区服务活动

以个人名义参加的社区服务只需要联系社区工作人员申请，确定时间和工作内容即可；如果想以团队小组名义进社区提供服务，除了要跟社区工作人员沟通外，还需要提前策划社区服务活动。这种社区服务活动的前期准备工作很多，如撰写计划书、人员招募、场地链接、准备物资等。

（1）活动准备

撰写计划书：从活动目的、活动目标、活动时间、活动地点、活动流程、活动评估、预计困难与对策、经费预算等入手，详细展开叙述。

人员招募：一般情况下，我们可以在班级、院系或学校内寻找"志同道合之士"；如果服务项目有特殊要求，我们也可通过互联网招募合适的团队成员。

场地链接：活动场地需要我们与社区进行协调。

准备物资：我们可以根据项目需求提前做好物资准备，如制作PPT、购置各类物资等。

（2）活动过程

活动正式开始前，我们可以通过一些热身小游戏活跃气氛，给服务对象营造一个轻松自然的活动氛围，从而促进服务的开展；活动过程中，我们可酌情加入一些内容新颖、趣味性强的环节，引导在场的社区居民积极参与。

专题六 社会劳动实践

（3）活动后期

活动结束后，我们要及时反思并总结社区服务活动的成效，包括社区居民参与度高不高，目标有没有达成，有哪些地方需要改进等，为再次开展活动积累经验。需要注意的是我们应在活动结束的第一时间将活动场地打扫干净。

翻转课堂

厨余垃圾变废为宝，大学生进社区制作环保酵素

为了让小朋友们了解垃圾分类的重要意义，一起参与垃圾分类工作，2019年7月17日下午，苏州某高校的大学生志愿者走进高新区狮山横塘街道金色社区，开展环保酵素制作活动。

活动现场，大学生志愿者向小朋友们介绍了环保酵素的神奇功效，小朋友们听完后跃跃欲试，都想尝试亲手制作酵素。据介绍，酵素不仅可以用于洗碗、洗头、洗衣，还可以用于土壤改良、生态种植、生态养殖。

环保酵素的制作十分简单，就是将一份红糖，三份废弃的蔬菜叶、果皮，十份水，放入塑料容器中，等待其发酵，如图6-1所示。制作初期，需要每天打开瓶盖放气，约3个月后环保酵素就制作完成了。小朋友们在志愿者的指导下，称量蔬菜叶、红糖，加水，忙得不亦乐乎。

图6-1 环保酵素的制作

最后，一桶桶"未来的酵素"被小朋友们带回家。3个月后，他们就可以使用自己亲手制作出的酵素浇花、洗衣了。志愿者丁闻介绍说："环保酵素制作简单，而且用途广泛，能够让厨余垃圾变废为宝，对环保起着很大的作用。"

——扬子晚报网，2019年7月18日，有修改

127

拓展阅读

大学生义务护理偏瘫老人半年助其站立

现在,人们对大学生有很大的"偏见",有的大学生更是被贴上"好吃懒做"的标签。然而,在大学生中,还是有很多值得我们去学习、去夸赞的好榜样的!

山东泰安某护理学院的大学生小王,经常去敬老院免费给老人做护理。有一次,他因为做义工回校晚被宿管大爷逮到了。当宿管大爷得知小王是去给孤寡老人做针灸、刮痧时,就告诉他附近有一位瘫痪在床的村民没钱看病,希望小王能去看一下。

带着宿管大爷给的地址和电话,小王第二天就和同学小彭一起找到了李大爷。李大爷是突发脑出血导致瘫痪的,因为家境贫困,没钱治病,只能在家里卧床度日。当小王和小彭找到李大爷时,他已经瘫痪在床一个多月了。

此后,小王和小彭每周都会抽空去为李大爷做一次护理。为了防止老人得褥疮,小王每次都要为李大爷做按摩和刮痧。经过一段时间的治疗之后,李大爷本来无法活动的胳膊慢慢有了一丝感觉。小王见自己的护理见效了,就把护理的次数改成了每周两次。

就这样,小王和小彭坚持为李大爷做了半年的护理,无论刮风下雨,一直没有中断,而李大爷的病情也在他们的护理下有了恢复的迹象。半年后,他们的努力终于得到了回报,已经偏瘫半年的李大爷居然可以在两人的搀扶下站起来走路了。

——时时热点网,2019年4月16日,有修改

三、志愿服务

（一）志愿服务的内涵

2017年12月1日，国务院颁布的《志愿服务条例》（以下简称《条例》）正式实施，这是我国第一部关于志愿服务的专门性法规。《条例》明确指出，志愿服务是指志愿者、志愿服务组织和其他组织自愿、无偿向社会或者他人提供的公益服务。

志愿服务主要包含以下三个方面的含义。

1. 志愿服务是一种由内在的精神动力所支持的活动

在社会上，有这样一群人，他们无怨无悔地牺牲自己的休息时间，到社区帮扶别人；他们放弃城里的优越生活，远赴大山深处教书育人；他们以奉献为乐，到大型社会活动场所维护活动秩序。他们有一个共同的称谓——志愿者！

志愿服务并不是一种简单的服务工作，它是志愿者在志愿精神的感召下，主动地、自觉自发地开展的社会服务工作。按照联合国志愿人员组织对志愿者精神的理解，可以对志愿精神进行如下解读：志愿精神是一种在自愿的、不计报酬或收入的条件下参与推动人类发展、促进社会进步和完善社区工作的精神，是公众参与社会生活的一种重要方式，是个人对生命价值、社会、人类和人生观的一种积极态度。

无私奉献的志愿精神是志愿服务的精神内核。正是在这种强大的内在精神动力的支撑下，志愿者们志愿贡献个人的时间、精力等，在不谋求任何物质报酬的情况下，从事社会公益与社会服务事业，把关怀带给社会，传递爱心，传播文明，给社会以温暖。

2. 志愿服务是一种非营利性的活动

志愿服务不是一种用以谋生或营利的职业，而是个体出于奉献社会的意愿开展的社会服务，是一种非营利性的活动。

虽然志愿服务不追求经济报酬，但并不意味着组织的运转不需要资金方面的支持。事实上，现代志愿服务组织和机构要实现发展和维持运转，离不开充足的经费支撑。但志愿服务组织和机构不能违背志愿精神的本质,不能以营利为目的,更不能从自己的服务对象中收取经济方面的回报。

3. 志愿服务是一种有组织的社会公益服务

志愿服务不仅是一种做好事和助人为乐的简单活动,而且是一种系统地、有组织地、自愿地开展的社会公益服务。它作为社会建设和社会管理的重要组成部分,弥补了政府市场和个人力量的短板,起到了加强国家和个人相互联系的桥梁作用。

总的来说,志愿服务就是由内在志愿精神所支撑的,由自愿自觉的内部动机所指引,利用个体知识、技能、体能或财富服务社会,不计外在报酬、奖励的一种非营利、公益性活动。

翻转课堂

注册志愿者标识(通称"心手标",见图6-2)的整体构图为心的造型(红色),又是英文"Volunteer"的第一个字母"V",图案中央是手的造型(白色),也是鸽子的造型。标识寓意为中国志愿者向社会上所有需要帮助的人们奉献一片爱心,伸出友爱之手,表达"爱心献社会,真情暖人心"和"团结互助、共创和谐"的主题。

图6-2 心手标

每年3月5日是中国青年志愿者服务日,12月5日是国际志愿者日。

(二) 志愿服务的特征

志愿服务有志愿性、无偿性、公益性和组织性四个基本特征,其特征的精髓是奉献精神。奉献意味着无偿,不计报酬地为他人、为社会服务,具有奉献精神的人通常也自发自愿地参加志愿服务。

1. 志愿性

志愿服务必须是个人自愿参加的。这个自愿是主动的而不是被动的,是自觉的而不是被迫的。相关组织可以通过各种方式动员志愿者,但应该让每个志愿者都在没有任何压力的情况下自愿投入志愿服务。强制参与、强制"奉献"、募集摊派或变相摊派、对志愿者进行单位化管理等,都不符合志愿服务活动的志愿性原则。

可以想象,如果志愿服务不是每个人都自愿参加的,而是在某些组织或个人的强迫和压力下参加的,其社会意义就会大打折扣。被迫参与志愿服务之中的人员不是真正意义上的志愿者,他们即使参加了志愿服务活动,也很难持续发挥积极的作用。

2. 无偿性

无偿性是指志愿服务属于无偿行为。志愿服务的提供者从事志愿服务行为,不得向志愿服务对象收取或者变相收取报酬,包括金钱、物质交换或礼物馈赠等形式。但是,志愿服务组织为志愿者提供交通补贴和午餐补贴等并不影响志愿服务的无偿性。

3. 公益性

公益性是指志愿服务必须指向公共利益。根据志愿服务的公益性,营利行为不属于志愿服务,偶发的帮助行为、基于家庭或友谊的帮助行为、仅仅针对特定个人的帮助行为和互益互助的行为也不属于志愿服务。

对服务活动的组织者来说,志愿服务不应该被用来达到公益服务以外的目标,如经济目标,否则就会损害志愿服务者的动机。

对志愿服务者而言,在提供志愿服务时应该始终坚持以利他和公益为基本目标,不能私自进行工作计划以外的服务内容。例如,志愿者不得向服务对象做宗教传道的工作,不得在活动时间内宣传与公益活动无关的事物。

4. 组织性

仅凭孤立的热情、爱心、体力,我们往往无法回应复杂的社会需求。志愿服务具有组织性,可以采取社会团体、社会服务机构、基金会等组织形式开展志愿服务,以反映行业诉求,推动行业交流,促进志愿服务事业发展。

志愿服务组织的不断涌现对促进志愿服务活动广泛开展,推进精神文明建设、推动社会治理创新、维护社会和谐稳定发挥了重要作用。志愿服务组织已成为现代社会从事志愿服务最重要的主体。

（三）志愿服务的原则

1. 自愿原则

《学生志愿服务管理暂行办法》第八条规定："学校组织学生参加志愿服务,应充分尊重学生的自主意愿,按照公开招募、自愿报名（未成年人需经监护人书面同意）、择优录取、定岗服务的方式展开,切实做好相关指导、培训和风险防控工作。学校应结合实际,制订学生志愿服务计划,有计划、有步骤地组织学生参加志愿服务。"《志愿服务条例》第十一条规定："志愿者可以参与志愿服务组织开展的志愿服务活动,也可以自行依法开展志愿服务活动。"《志愿服务条例》第二十五条规定："任何组织和个人不得强行指派志愿者、志愿服务组织提供服务,不得以志愿服务名义进行营利性活动。"

2. 平等原则

《志愿服务条例》第十五条规定："志愿服务组织安排志愿者参与志愿服务活动,应当与志愿者的年龄、知识、技能和身体状况相适应,不得要求志愿者提供超出其能力的志愿服务。"第二十条规定："志愿服务组织、志愿服务对象应当尊重志愿者的人格尊严；未经志愿者本人同意,不得公开或者泄露其有关信息。"第二十一条规定："志愿服务组织、志愿者应当尊重志愿服务对象人格尊严,不得侵害志愿服务对象个人隐私。"

3. 诚信原则

《志愿服务条例》第十二条规定："志愿服务组织可以招募志愿者开展志愿服务活动；招募时,应当说明与志愿服务有关的真实、准确、完整的信息以及在志愿服务过程中可能发生的风险。"第十三条规定："需要志愿服务的组织或者个人可以向志愿服务组织提出申请,并提供与志愿服务有关的真实、准确、完整的信息,说明在志愿服务过程中可能发生的风险。志愿服务组织应当对有关信息进行核实,并及时予以答复。"第十九条规定："志愿服务组织安排志愿者参与志愿服务活动,应当如实记录志愿者个人基本信息、志愿服务情况、培训情况、表彰奖励情况、评价情况等信息,按照统一的信息数据标准录入国务院民政部门指定的志愿服务信息系统,实现数据互联互通。"第二十二条规定:"志愿者接受志愿服务组织安排参与志愿服务活动的,应当服从管理,接受必要的培训。志愿者应当按照约定提供志愿服务。志愿者因故不能按照约定提供志愿服务的,应当及时告知志愿服务组织或者志愿服务对象。"

4. 合法原则

《志愿服务条例》第三条规定:"开展志愿服务……不得违背社会公德、损害社会公共利益和他人合法权益,不得危害国家安全。"第十四条规定:"志愿者、志愿服务组织、志愿服务对象可以根据需要签订协议,明确当事人的权利和义务,约定志愿服务的内容、方式、时间、地点、工作条件和安全保障措施等。"第十六条规定:"志愿服务组织安排志愿者参与的志愿服务活动需要专门知识、技能的,应当对志愿者开展相关培训。开展专业志愿服务活动,应当执行国家或者行业组织制定的标准和规程。法律、行政法规对开展志愿服务活动有职业资格要求的,志愿者应当依法取得相应的资格。"第十七条规定:"志愿服务组织应当为志愿者参与志愿服务活动提供必要条件,解决志愿者在志愿服务过程中遇到的困难,维护志愿者的合法权益。志愿服务组织安排志愿者参与可能发生人身危险的志愿服务活动前,应当为志愿者购买相应的人身意外伤害保险。"第二十六条规定:"任何组织和个人发现志愿服务组织有违法行为,可以向民政部门、其他有关部门或者志愿服务行业组织投诉、举报。民政部门、其他有关部门或者志愿服务行业组织接到投诉、举报,应当及时调查处理;对无权处理的,应当告知投诉人、举报人向有权处理的部门或者行业组织投诉、举报。"

(四)学生志愿服务的认定

《学生志愿服务管理暂行办法》第十四条规定:"学校负责做好学生志愿服务认定记录,建立学生志愿服务记录档案。

(1)学校组织开展的志愿服务,由负责人、服务对象提供服务时间、服务内容等证明,学校工作机构予以认定记录。

(2)学生自行开展的志愿服务,由学生本人、服务对象提供服务时间、服务内容等证明,学校工作机构经过审核予以认定记录。

（3）学校应结合本校实际,制订志愿服务档案记录办法,完善记录程序,严格过程监督,确保学生志愿服务档案记录清晰,准确无误。"

《学生志愿服务管理暂行办法》第十七条规定:"在大学学段实行学生志愿者星级认证制度。学校根据学生志愿者参加志愿服务的时间累计,认定其为一至五星志愿者。自大学学段以来参加志愿服务时间累计达到100、300、600、1 000、1 500小时的,分别认定为一至五星志愿者。"

翻转课堂

如何在网上注册成为志愿者?

2017年,全国志愿服务信息系统(以下简称"信息系统")已通过民政部验收,正式上线,为实现志愿服务数据信息的互联互通、共享使用提供了便捷平台。

通过信息系统,社会公众可以便捷地注册为志愿者参与志愿服务;志愿者可以参与自己感兴趣的志愿团体和项目,记录、转移、接续自己的志愿服务时间;志愿服务组织可以按照规范的流程发布项目、招募管理志愿者、开展服务,实现供需有效对接;党政管理部门可以全面了解志愿服务情况,开展数据决策分析。

(五) 实施志愿服务

暑假期间,不少大学生会选择参与社会实践,参与志愿服务。首先,学生应首选社会和学校认可的志愿服务平台,避免上当受骗。

其次,不同的志愿服务项目对志愿者的要求不同。在选择具体志愿服务项目时,学生应适当结合自己的特长或专业,或选择那些重视志愿者培训工作的志愿组织,做好充足的心理准备和技能准备。

例如,深入农村的志愿者必须参加组织培训与学习,了解农村的相关法律、法规、习俗和农业知识;到边远地区支教的志愿者必须学习教学方法、沟通技巧,掌握除专业之外的广泛的知识和技能;走入社区提供社区服务的志愿者,不能将自己的服务定格在具体的形式和具体的内容上,必须创造出丰富多彩的服务以满足社区不同人员的需求;向社会弱势群体伸出援手的志愿者,必须了解并熟悉当地的孤儿院、敬老院的情况,到伤残人士、生活有困难的人家中去,必须想其所想,运用自己所掌握的服务技能提供最贴心的服务。

最后,在参与志愿服务的过程中,应秉承志愿者精神,全身心投入志愿服务活动,坚守岗位,认真负责,积极主动,热心、细心、耐心地为服务对象提供服务,为社会贡献自己的力量。

拓展阅读

助力战"疫",大学生志愿者以专业之长为社区筑起"铜墙铁壁"

"贵校15届医学检验专业学生徐正泽以高度的责任感和紧迫感,在这个危急关头,不畏艰难,始终坚持在新冠肺炎疫情防控第一线,让这个寒冷的冬天变得温暖起来、让这个寂静的年变得沸腾起来。"2020年3月,江苏卫生健康职业学院收到一封来自南京金域医学检验所的感谢信,信中高度评价了奋战在新型冠状病毒检测工作中的该校毕业生徐正泽。

对疫情,像徐正泽这样在危急关头勇于担当的在校学生还有很多。

主动请缨,直面战"疫"

在江阴市澄江街道大桥社区,许多疫情防控志愿者奔波在疫情防控阻击战的现场。这其中,就有江苏卫生健康职业学院2017级护理专业学生徐心航忙碌的身影。疫情防控中,她毫不犹豫地到社区报名参加疫情防控工作。她对社区工作人员说:"我想发挥自己的所学,为社区疫情防控做点事。"

2017级医学影像技术班的李洁同学家住溧阳市竹箦镇,当她的家乡附近出现了确诊病例,当地开始实行严格的交通管控,急需人手。李洁得知后,立刻报名,迎疫情而上。她在路口关卡拦截车辆、核实路人身份证信息、测量体温、登记外来人员和车辆信息,每天接触百余人,从没退缩。

指尖服务,温暖人心

面对突如其来的疫情,学校中西医结合学院的罗永恒、校靓莹、周宇卿、魏子恒等同学响应号召,在做好居家隔离的同时,充分借助网络平台,积极参加南京圆梦公益疫情防控志愿活动,成了"指尖志愿者"。

志愿者们每天负责在网上转发实时疫情简报、创作防疫文艺作品、宣传正能量、筹集善款、联系商家寻找一些应急物资的正规购买渠道等工作。在这次志愿活动中,志愿者们将在网上募集的所有资金用于购买医用防护物资捐给了华中科技大学同济医学院附属协和医院、江苏援助湖北医疗队等单位的医务工作者。

身边榜样,前进力量

这次疫情防控中,不少人迎难而上,勇做"逆行者"。这中间,既有在一线抗击疫情的医护人员,也不乏建筑工人、汽车司机等职业者。该校临床医学院黄恭同学的父亲黄明勇便是其中一员。

黄恭的父亲是江苏省人民医院后勤保障处一名普通的驾驶员,2020年2月3日晚上,黄恭父亲接到单位的电话,询问他是否愿意报名参加医学救援队奔赴武汉支援,他立刻答应了。面对儿子的担忧,父亲语重心长地对他说:"疫情就是命令,国家有需要,就是再危险,我也要迎难而上!孩子你也长大了,在家要照顾好妈妈,多分担点家务活,我会好好保护自己,你们不要担心!"

黄明勇的工作任务是负责接送医护人员上下班、采购物资、分发物资以及其他后勤保障工作。他每天穿着厚厚的防护服,来回奔波,尽最大能力保障医护人员的工作和生活需要,让医护人员在前线安心踏实工作。

黄恭同学说:"那一刻我觉得一向说话幽默的父亲显得格外严肃,他变成了一个刚毅的战士!"他给父亲写信道:"您以实际行动给我上了一堂深刻的人生教育课。"他说,"我是一名医学生,应以疫情防控中涌现出的优秀医务人员为榜样,领悟好立身做人的道理,努力学习医学知识,挑起90后青年一代的责任担当,将来成为一名对国家和社会有贡献的医务工作者!"

在这场没有硝烟的战争中,无数中华儿女心往一处想,劲往一处使,也正是这些"微不足道"的付出与全国各条战线上的力量共同汇聚成疫情防控阻击战的澎湃能量,筑起了阻断病毒传播的"铜墙铁壁"!

——新华报业网,2020年3月6日,有修改

探究分享

"七彩假期"暑期社会实践活动

对高校学生而言,暑期"三下乡"社会实践活动是连接学校与社会之间的桥梁。大学生参与其中,能走出象牙塔,走进广阔天地,关注"三农"问题,感受农村变化,激发爱国热情,牢记历史使命。

请以1—2个宿舍为单位(选择一名组长),在暑假期间,面向贫困地区乡村留守儿童和随迁子女,围绕学业辅导、亲情陪伴、素质拓展、自护教育、思想引领、心理辅导等内容,开展10天以上的"七彩假期"社会实践活动,并撰写实践报告。

【过程记录】

活动要点:

活动难点及解决方案:

心得体会:

【结果评价】

教师可参考表6—1对学生参与"七彩假期"暑期社会实践活动的情况进行评价。

表6-1 教师评价表

评价标准	分值	分数小计	教师评价
提前做好活动方案的策划	20分		
达到实践效果	20分		
撰写完整的社会实践报告	20分		
分工合理,各成员均积极参与	20分		
活动形式有创新,且达到一定效果	10分		
收获服务对象的"点赞"	10分		

专题七
职场劳动实践

三百六十行,行行出状元。不管是从事农业的农民,还是从事工业的工人,都不是低人一等的劳动者,而是靠双手创造幸福生活的奋斗者,值得所有人尊敬。作为新时代的大学生,我们应以他们为榜样,提高职业技能水平,积极投入职场劳动实践,培育精益求精的工匠精神和爱岗敬业的劳动态度,为以后的就业打好基础。

拓展资源

劳动创造幸福——新时代劳动教育课程

课前导入

有人认为,大学生利用暑期去企业实习可以锻炼自己的能力,增加人生阅历,也可以解决一部分生活费。也有人认为,学生的主要任务是学习,不能本末倒置,学生还是要以学业为主。如果单纯只是为了赚钱去实习,则是一种时间上的浪费。有这个时间,多看点书,拿到的奖学金及其他资源的回报远是实习所不能比拟的。

思考:

(1) 你是如何看待职场实习的?

(2) 你认为大学生职场劳动实践是体验还是浪费?

请将你的感想写在下面的框里。

一、劳动安全

劳动安全是指劳动者在生产劳动过程中的安全和健康没有受到威胁,不存在危险、危害的隐患,是免除了不可接受的损害风险的状态。全面完整地理解劳动安全的含义,不仅需要从保障劳动安全的多重主体立场去理解,还要了解劳动安全问题产生的原因。从不同主体来看,劳动安全保护是劳动者依法获得的基本劳动权利之一,在生产劳动过程中劳动者有权要求用人单位提供安全卫生的劳动条件,以保护自身的生命和健康;加强劳动保护,实现安全生产,保护劳动者生命和身体健康是企业用人单位应尽的法律义务;国家可以通过制定一系列劳动保护的法律和法规制度,督促企业用人单位履行法律责任,保障劳动者的劳动安全。

（一）劳动中的危险与事故

在实际的生产劳动过程中,劳动安全问题的产生往往是多种因素综合作用的结果,需要综合治理。从造成劳动安全问题的原因看,既有人为的因素,由于劳动者个人缺乏安全知识和安全意识,操作失误而造成安全事故;也有因生产环境和安全条件存在安全漏洞而出现生产事故;还有人为因素和物的因素共同引发事故。我们还可以将可能发生的劳动安全问题,按生产劳动岗位性质的不同,区分为以下几类:①在矿井中可能发生的瓦斯爆炸、火灾、水灾等;②在机械加工过程中可能发生的绞碾、电击伤;③在建筑施工过程中可能发生的高空坠落,物体打击;④在交通运输过程中可能发生的车辆伤害事故;⑤在有毒有害作业过程中可能发生的职业病害等。

具体安全事故见表7-1:

表7-1 事故伤害类型与危险源对应表

序号	事故伤害类型	危险源
1	物体打击	安全帽不合格/不正确使用 施工现场四口五临边无防护/不合格 安全教育/安全交底未实施
2	机械伤害	机械无安全操作规程/检修无方案/无安全交底/带病运行 无证操作/违章操作 传动部分必要的防护(罩)没有/不合格
3	起重伤害	无安全操作规程(如十不吊)/带病运转/起重设备不检测 无证操作/违章操作 违章指挥 倒链不合格 检修起重机械的企业无资质/外包无协议 塔吊安装拆除无方案/无资质

（续表）

序号	事故伤害类型	危险源
4	触电	检修/安装无方案/不认真实施 安装不符合规范(三相五线制、三机配电、三机保护、一机一闸) 用电无规定 拆接线非电工操作 漏电保护器不合格/无3C认证/不检查 插座着水/灰尘多 手持电动工具绝缘不合格/不检测 电线缆绝缘不合格/老化 绝缘鞋/手套不合格/不正确使用 避雷设施不合格/不检测
5	火灾	禁烟火区无标识/在禁烟火区吸烟/卧床吸烟 禁烟火区无规定 电气焊作业无动火规定/不执行/无证操作 防静电区管理无规定/防静电装置不合格/不检测 防爆电气使用无规定/不合格 易燃易爆化学品搬运储存使用处置无规定/无上岗证/无防雷装置
6	交通事故	无证驾驶 无交规教育培训/违规驾车(酒后疲劳驾驶、走神) 车辆带病行驶
7	车辆伤害	厂内车辆无安全操作规程/违章操作(不按路线行驶) 无证驾驶 带病行驶
8	坍塌	工程基坑支护无方案/不执行 基槽堆土/不符合放坡规定 基槽透水 脚手架搭拆无方案/不执行/不合格/使用无规定 物资码放无规定/不执行 基坑、脚手架冬雨季施工无规定

（续表）

序号	事故伤害类型	危险源
9	高处坠落	施工现场四口五临边、坑井、脚手架等无防护措施/不合格 安全网不合格 疲劳/身体不适/无证上岗
10	灼烫	焊接作业不使用劳保用品 防水作业使用喷灯不使用劳保用品 高温作业没有防护措施 腐蚀性的化学品搬运、储存和使用无规定/不执行
11	爆炸	压力容器不定期检测、无安全操作规程/不执行/无证操作 液化瓶搬运、储存和使用无规定/不执行 氧气、乙炔瓶搬运、储存、使用无规定/不执行 易燃易爆的化学品搬运、储存、使用无规定/不执行 易燃易爆的化学品仓库使用的电器不防爆
12	中毒、中暑、窒息	食用过期、变质的食物/含黄曲霉素食物 下水道/井施工 HS/CO/沼气中毒 罐体内焊接，通气不良、中毒/窒息 室内/操作间通风不良 电脑操作时间过长 高温条件下作业无防护措施 饮用水不合格 室内装修材料产生有害物质
13	传染病/职业病	食堂卫生不良，住宿卫生不好 蚊蝇害虫 食堂人员无健康证 职业病岗位无防护措施：尘肺 食堂无卫生许可证
14	放射性伤害	使用放射性物质无管理规定/不执行/无防护措施 无操作证
15	溺水	水上作业无防护措施
16	女工伤害	违反女工保护法
17	自然灾害	大风、台风、暴雨、雪、雷电、泥石流、地震等
18	恶劣环境	猛兽、毒蛇、蚊虫造成传染病等（野外作业）

（续表）

序号	事故伤害类型	危险源
19	其他安全事故	安全制度缺失： 安全生产责任制度 安全生产教育制度 安全生产例会制度 安全生产检查制度 安全事故报告制度 安全生产措施制度 劳保用品管理制度 有关保险制度 安全资金投入使用制度 消防制度 班组安全活动制度 考核及奖惩制度 易燃易爆、有毒有害物品管理制度 分包、供方管理制度 设备安全管理制度及安全操作规程 安全生产许可证

（二）掌握必要的劳动安全常识

保证劳动安全是劳动者的权利，政府和企业有义务依法提供符合安全卫生标准的劳动条件。为了养成自我劳动安全意识，青少年要学会识别和掌握必要的劳动安全与卫生常识，主要包括安全色与安全标志、个人防护用品的相关知识与使用方法。

1. 安全色与安全标志的识别

安全色和安全标志是在特定工作环境中，为了提醒劳动者做好防护而设置的。每一种安全色、每一个安全标志都具有特定的含义，需要我们正确识别。

一是安全色。按照我国安全色标准规定，安全色有红色、蓝色、黄色、绿色四种。①红色表示禁止、停止，用于禁止标志。例如，机器设备上的紧急停止手柄或按钮及禁止触动的部位都使用红色。红色有时也用于防火。②蓝色表示指令，必须遵守。③黄色表示警告和注意。如厂内危险机器和警戒线、行车道中线、安全帽等。④绿色表示安全状态或可以通行。例如，车间内的安全通道、行人和车辆通行标志，消防设备和其他安全防护设备都用绿色。

二是安全标志。安全标志分为禁止标志、指令标志、警告标志和提示标志四类。安全标志牌要求被放在醒目的地方。

（1）禁止标志（见图7-1）

禁止标志的含义为禁止人们的不安全行为。其基本形式为带斜杠的圆形框，圆环和斜杠为红色，图形符号为黑色，衬底为白色。

图7-1　禁止标志

（2）指令标志（见图7-2）

指令标志的含义是强制人们必须做出某种动作或采用防范措施。其基本形式是圆形边框，图形符号为白色，衬底为蓝色。

图7-2　指令标志

(3) 警告标志(见图7-3)

警告标志提醒人们注意周遭环境,以避免可能发生的危险。其基本形式为正三角形边框,三角形边框及图形符号为黑色,衬底为黄色。

图7-3 警告标志

(4) 提示标志(见图7-4)

提示标志向人们提供某种信息,如标明安全设施或场所。其基本图形是正方形边框,图形符号为白色,衬底为绿色。

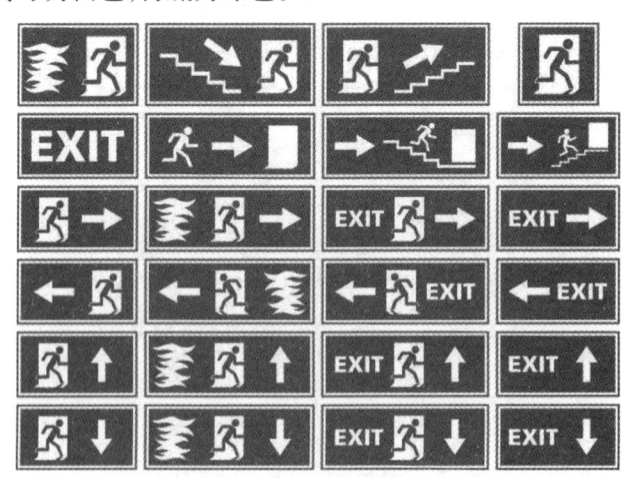

图7-4 提示标志

2. 个人防护用品的相关知识与使用方法

个人防护用品知识对于预防事故伤害和减少职业危害具有重要意义。为了提高劳动安全意识，我们不仅要了解劳动岗位需要什么样的劳动保护用品，还要了解个人防护用品的正确佩戴和使用方法。

我国实行以人体防护部位为依据的分类标准，将个人防护用品分成9类，见表7－2。

表7－2 个人防护用品及使用

个人防护用品类型	举例	作用及使用要求
头部防护用品	安全帽、防寒帽等	为了防御头部受外来物体打击，安全帽要有合格的帽子、帽带，戴帽时必须系好帽带；帽内缓冲衬垫的带子要结实，人的头顶与帽内顶部间隔不能小于32毫米；每次使用前应认真检查安全帽，若发现有破损情况，要立即更换。进入施工现场，必须戴好安全帽
呼吸器官防护用品	防尘面罩、防毒面具等	其作用为防护有害气体从呼吸道进入人体，或直接向使用者供氧。其中，防尘口罩和防尘面罩可有效防止粉尘的吸入，而防毒面具则可防止有毒气体、蒸汽、毒烟等的吸入。使用防毒面具要注意正确选择防毒滤料
眼面部防护用品	焊接护目镜及面罩、炉窑（红外线、紫外线）护目镜和防冲击眼护具等	用于预防烟、尘、火花、飞屑、化学品飞溅等伤害眼睛或面部
听觉器官防护用品	耳塞、耳罩和防噪声头盔等	预防噪声对人体的不良伤害
手部防护用品	一般防护手套、酸碱手套、防寒手套、绝缘手套等	在不适合以手直接接触机械、机具、液体以及可能导致手部受伤的情况下，必须戴合适的手套。手套要与手型相符合，防止手套因过长而被卷入机器。操作各类机床或在有被压挤危险的地方作业时，严禁戴手套

147

(续表)

个人防护用品类型	举例	作用及使用要求
足部防护用品	防水鞋、防寒鞋、防静电鞋、防酸碱鞋、电绝缘鞋等	其作用是防止劳动中有害物质或外逸能量损伤劳动者的足部
防护服	一般防护服、防水服、防寒服、阻燃服、防电磁辐射服等	用于保护劳动者免受生产环境中的物理、化学、生物等因素的伤害
护肤用品	护肤剂、护肤膏、皮肤清洁剂等	防止皮肤外露部分(面、手)受到化学物理等因素的危害。主要作用是防晒、防射线、防油、防酸、防碱等
防坠落用品	安全带、安全网等	防止作业人员从高处坠落

个人防护用品使用的注意事项有：第一，要根据作业场所的危害因素及其危害程度，正确选用防护用品；第二，要通过教育培训，做到"三会"，即会检查防护用品的安全可靠性，会正确使用防护用品，会维护保养防护用品；第三，严禁故意或无故弃用防护用品，确保个人防护用品状况良好，如有损坏，应立即向管理人员报告，及时更换；第四，用于急救的呼吸器要定期检查，确保有效。同时，应将其妥善存放在可能发生事故的邻近处，以便取用。

（三）遵守安全规程和劳动纪律

1. 遵守劳动安全卫生操作规程是劳动者应尽的义务与责任

在社会主义制度下，劳动者的权利与义务相互依存、不可分离，两者是统一的，任何权利的实现总要以义务的履行为条件。认真学习劳动法，不断增强劳动法律意识，劳动者才能懂得依法维护自己的合法权益。

劳动法第五十六条规定，劳动者在劳动过程中必须严格遵守安全操作规程。国家制定的安全卫生操作规程，是劳动者在劳动过程中生命安全、身体健康的法律保证，也是进行正常生产活动、维持企业正常运转的保障。劳动者在劳动过程中既享有劳动保护的权利，又负有执行劳动安全卫生操作规程的义务。劳动者只有严格遵守安全卫生方面的规定,文明生产、安全生产,才能保障生产顺利进行,劳动者自身的生命安全和身体健康,也才有切实保障。

劳动者在劳动过程中要自觉执行劳动安全卫生规程,必须做到以下几点。①遵守劳动纪律。劳动纪律是组织社会劳动的基础,是进行共同工作所必需的。它要求劳动者在共同劳动过程中遵守一定的规则和秩序,听从管理者的指挥和调度。它是每个劳动者按照规定的时间、质量、程序和方法完成自己所承担的生产任务或工作任务的行为准则。②遵守职业道德。职业道德是所有从业人员在职业活动中应该遵循的行为准则,涵盖了从业人员与服务对象、职业与职工、职业与职业之间的关系。我国的职业道德,是以为人民服务为核心的社会主义道德在职业活动中的体现。其基本要求是:爱岗敬业、诚实守信、办事公道、服务群众、奉献社会。③执行劳动安全卫生规程。执行劳动安全卫生规程不仅对劳动者的生命和健康有利,也能防止、消除生产过程中的各种职业危害,保证生产顺利进行。

2. 遵守日常安全防范措施是青少年劳动保护的重要内容

青少年应当经常参加生产劳动,学习并掌握一定的劳动技能,培养热爱劳动的思想品质。在劳动中,青少年一定要把安全放在第一位,做到遵守纪律、服从管理、听从指挥,不要随意行动。劳动时不要用劳动工具嬉笑打闹,互相追逐,以防对自己或他人造成伤害。

青少年在学校以及劳动中应该如何保护自己的安全呢?①服装得体。要换好适合劳动的服装,服装以透气、舒适为宜。②正确使用工具。要熟悉劳动工具的正确使用方法,避免因方法不当而对自己或他人造成伤害。③了解安全常识。准备中最重要的一项,就是要了解该项劳动的安全常识,避免在劳动中发生危险情况。④遵守劳动纪律。服从分配听指挥,在劳动中要做到:劳动时不和同学玩耍、打闹,特别是使用工具时严禁嬉戏、追逐、打闹;必须在指定范围内参加劳动;不擅自改变劳动的有关规定,服从分配听指挥。⑤虚心请教。掌握劳动要领不仅能提高劳动的速度和质量,而且能避免事故的发生,要做到认真听取老师或师傅的讲课,记住劳动的程序,领会劳动的操作要领。在劳动过程中,要虚心接受指导,及时改正不正确的动作,遇到不会操作的地方要及时请教。⑥切忌蛮干,量力而行。各人的体质不同,力气有大有小,盲目蛮干会伤害身体,青少年处于成长时期,更要注意保护身体。⑦远离危险物品。劳动时不要接触有害物质,如硫酸、农药等,不随便触摸电器及电源开关等。应远离没有防护装置的传送带、砂轮、电锯等危险劳动工具,以免发生意外。注意个人卫生,尤其是在劳动中接触农药等有害物质时,要及时洗手,避免因不小心而农药中毒。

(四)高校实习生应切实维护自身劳动权益并保障劳动安全

作为高校的实习生,你知道自己拥有什么权益吗?我们应该如何在实习期间维护自己的权益,保障自己的劳动安全呢?

教育部等五部门联合印发的相关管理规定中明确指出:①学校、实习单位、学生三方未按照规定签订实习协议的,不得安排学生实习;②不得安排学生到酒吧、夜总会、歌厅、洗浴中心等营业性娱乐场所实习;③不得安排学生加班和夜班;④顶岗实习报酬,原则上不低于本单位相同岗位试用期工资标准的80%;⑤实习单位不得向学生收取实习押金;⑥未满18周岁的学生参加跟岗实习、顶岗实习,应取得学生监护人签字的知情同意书。

此外,实习生在实习期间注意劳动安全,应该做到:①严格遵守工作纪律,坚持做到不迟到、不早退、不串岗、不脱岗,顶岗工作期间不办私事,工作之余不私自外出,遇事请假;②加强安全防范意识,注意交通安全、防触电、防溺水、防中毒、防雷电;③严格遵守岗位操作规程和安全管理制度,严防机械事故、人身伤亡事故等工作责任事故及人身安全事故的发生;④实习过程中,严格检查设备和场地,凡发现不符合安全生产要求,有进入危险厂房、接触危险设备、进入危险场地可能的,学生应及时向实习指导教师反映,有权停止操作,待检查合格后再进行操作。

拓展阅读

企业安全管理混乱导致火灾发生

2019年6月6日,某服装厂发生火灾事故。起火初期火势不大,有员工试图拧开消火栓,使用灭火器灭火,但因不会操作未果。火势迅速蔓延至二、三层,当时,正在二层办公的厂长看到火灾后立即逃离现场;二至六层的401名员工在无人指挥的情况下慌乱逃生,多人跳楼逃生摔伤;一层人员全部逃出。

该起火灾事故造成67人死亡,51人受伤,直接经济损失3 600万元。事故调查发现起火原因是一层库房内电线短路产生高温熔珠,引燃堆在下面的木料,整个火灾过程中无人报警;事故发生前该厂曾收到当地消防机构关于该厂火险隐患的《责令限期改正通知书》,但未整改;厂内仅有一名电工,且无特种作业人员操作证。

事故企业安全管理混乱,火灾安全教育培训落实不到位,员工缺乏应急救援常识,整个火灾过程中无人报警,员工不会正确使用灭火器材,在无人指挥的情况下员工慌乱逃生,才造成了重大人员伤亡和财产损失。

——改编自《安全工程师考试管理知识》,2018年

二、实习实训

实习实训是高等教育实践教学环节中的重要组成部分,包括专业实验、专业实训、专业实习等内容,是高校依托不同的教学环境,有计划地、系统地组织学生结合所学专业开展多元化的实操性、实践性活动,通过在做中学、在做中思、在做中行,增进学生对课堂讲授的专业知识的认识,激发其主动思考,提高其探索创新的意识,锻炼学生运用专业知识和技能解决实际问题的能力,提升学生的综合素质与就业竞争力。实习实训本身是一种劳动活动,是开展新时代高校劳动教育的主阵地,是发挥"以劳树德、以劳益智、以劳健体、以劳育美"协同育人功能,培养德智体美劳全面发展的社会主义建设者与接班人的主渠道。

(一) 劳动教育与实习实训相结合的必然性

2018年教育部发布《普通高等学校本科专业类教学质量国家标准》(以下简称《国家标准》),制定了92个本科专业类,包括全部587个本科专业、涉及全国高校56 000多个专业点的教学质量国家标准。其中,在经济学类教学质量国家标准中对专业实验、专业实训、专业实习给出了明确解释:专业实验是指专业课程教学过程中需借助实验手段完成的部分教学环节;专业实训是指依托实务部门开展的实

践教学活动,是校内实验课程教学的延伸;专业实习是指学生在与所学专业相关的实务部门从事的短期或长期工作,以增进对课堂讲授的专业知识的认识。可见,实验、实训、实习三者是实践教学逐级深化的培养体系。专业实验是为完成某一项具体的专业教学目标,在高校内部学习环境下进行的一种专业知识技能操练;专业实训,是依托实务部门或在校内模拟实务场景下进行的一种综合运用多种专业技能解决某一类较为复杂的实务题的实践训练;专业实习则是深入实务部门中进行的一段较长时间的实际工作体验,其目的在于让学生全面了解真实的职场生活,更好地适应职场生活,综合运用各种专业知识技能和人际沟通能力解决各类职场实际问题。三者相辅相成、层层推进,对大学生劳动能力训练的要求越来越高,越来越接近真实的职场生活。

在国家标准中,其他本科专业类也结合专业自身特点和社会用人需求,给出对实习实训(含实验)具体的解释。这些解释与经济学类教学质量国家标准规定的有所不同,但总体上表现出三个共同的特征,即与专业相结合,实习实训要注重专业化和专门化的学习;与社会相结合,实习实训要围绕企业、行业用人需求而开展;与实践相结合,实习实训要强调"劳动"的教学方式,即运用所学专业技能,参与实验实训实习,通过实操和实践劳动完成教学任务,解决实际问题,培养专业能力和综合素质。为此,实习实训中融入劳动教育,是加强劳动教育、实现劳动教育内化于心、外化于行的必然选择。

1. 实习实训是学习劳动知识技能的主要方式

习近平总书记在党的十九大上指出,永远把人民对美好生活的向往作为奋斗目标,以永不懈怠的精神状态和一往无前的奋斗姿态,继续朝着实现中华民族伟大复兴的宏伟目标奋勇向前。实现人民对美好生活的向往要靠党和国家创造更好的教育、更稳定的工作、更满意的收入、更可靠的社会保障、更高水平的医疗卫生服务、更舒适的居住条件、更优美的环境;更要靠人民自身的努力,人民首先要学会生存,学会自食其力的劳动技能,用自己的劳动获得生活的基本需求;要奋斗,精进劳动专业技能,改善生活条件,提升生活满意度。随着现代经济的不断发展和行业的不断更新,我国产业结构发生了深刻的变革,对人才的需求也随之发生了改变。2018年第三季度百城市公共就业服务机构市场供求信息统计结果表明,从需求侧看,56%的市场用人需求对劳动者的技术等级或专业技术职称提出明确要求;从供给侧看,55%的市场求职人具有一定技术等级或专业技术职称。社会对专业化人才需求的增加、人民对自身发展意愿的提升对高校人才培养提出了更高的要求。实习实训作为专业课堂教学的延伸,是将理论专业知识和专业技能从"知道"转化为"运用"的过程,是培养大学生专业能力与就业竞争力的主要教学环节,因此,加强实习实训中的劳动知识技能教育是促进学校教育与社会需求"无缝衔接"的有效手段,是必要且重要的。

2. 实习实训是培养劳动价值观的主要阵地

人之于劳动的认识决定了其进行劳动的态度,而这种态度又直接影响着劳动者的劳动效率。加强劳动教育、培养劳动价值观已成为各级各类教育的一项重要任务。2015年教育部、共青团中央、全国少工委发布《关于加强中小学劳动教育意见》,要求中小学开展校内活动、组织校外劳动、鼓励家务劳动,让学生直接参与劳动过程,增强劳动感受,体会劳动艰辛,分享劳动喜悦,掌握劳动技能,养成劳动习惯,提高动手能力和发现问题、解决问题的能力。大学生是社会劳动力的生力军,每年有百万大学生走向劳动岗位,他们的劳动价值观是否正确不仅影响大学生个体的成长、成才,同时也影响整个社会的生产力发展与生产效率的提升,因此在大学阶段将劳动教育融入教育教学的各个环节中、抓好大学生劳动价值观确立和稳定的关键期显得尤为重要。大学教育中的实习实训作为大学生直接参与劳动的主要过程,势必要发挥其劳动价值观培养的重要作用。在实习实训中,学生能够通过劳动实践更为深刻地认识劳动的价值与意义,能够通过与同学、校内专职指导教师、校外兼职指导教师、企事业单位与行业部门专家等不同主体的合作与交流,了解他人对劳动的认识和态度,感受他人辛勤劳动的行为,在他人的示范感染下,潜移默化地引导学生形成崇尚劳动、尊重劳动、热爱劳动的劳动价值观。

3. 实习实训是养成劳动品质的练兵场

苏霍姆林斯基认为学校教育的使命在于,要使劳动进入个性的精神生活,进入集体的生活,要使热爱劳动早在少年时期和青年早期就成为个人最重要的品质之一;劳动教育的理想就是使每个人早在少年时期和青年时期就找到这样一种劳动,在这种劳动中能够最充分、最鲜明地展示他的天赋才能,并给他带来精神创造性的幸福。劳动品质反映的是一种劳动品德,即辛勤劳动、诚实劳动、创造性劳动的品质,表现为:在学习工作中,勇于担当责任,能够兢兢业业地完成学习工作任务;在挫折困难面前,显示出坚毅的品质,能够想方设法战胜困难,最终取得胜利。劳动品质的形成要落实到劳动实践中,实习实训正是提供了到实践中锻炼的练兵场。实习实训是以问题为导向,围绕某一个或几个具体的问题,让学生自主思考、独立操作,在不断探索尝试中体会劳动的意义,了解自身的劳动价值,在劳动中享受成功的喜悦,认识自身的价值,进而培育学生精业和敬业、自信和执着的劳动品质。

(二) 实习实训指南

实习是学习与就业之间的一个重要环节,好的实习经历能为在校的学习交出一份满意的答卷,同时也可为将来的就业热身,打好"预备战"。

1. 获取实习信息

我们可以从以下渠道获取实习信息。

(1) 学校公示栏。学校附近的企业或者公司通常会把招聘信息以纸质文稿的形式张贴在学校公示栏。希望在学校附近找实习单位的学生可在学校公示栏中获取实习信息,筛选出合适的实习单位。

(2) 各地方人社局。各地的人社局每年都会有相应的政策支持大学生实习。人社局提供的用人实习单位不仅类别丰富,而且十分正规。

(3) 各大企业官网。一般来说,各大企业会在寒暑假期间,在其官网上发布大学生实习招聘公告。有意向的学生可以多留意各大企业的官网,寻找适合自己的实习岗位。

◆ 翻转课堂 ◆

为防止被骗,大学生在找实习机会时,应特别注意以下方面:

(1) 从可靠渠道获取职位信息。

(2) 通过多种渠道了解企业背景。

(3) 认真确认面试地点。

(4) 谨慎签订实习协议。实习协议中应当写明实习薪资、实习期限、终止协议的相关条款。如果用人单位违约或拖欠工资，可以将实习协议作为证据提起劳动仲裁以维护自身的合法权益。

（5）拒交任何名义的费用。

（6）求职前了解相关法规和劳动政策。

2. 结合自身专业或兴趣选择实习岗位

在选择实习岗位时应尽量选择与自己专业相匹配或者自己感兴趣的岗位，这样不仅可以学以致用，还可以挖掘自身蕴藏的潜力，为将来就业做好铺垫。

在具体做选择时，我们要摆正心态，客观分析自己的专业知识、沟通技能、思维能力及自身性格、兴趣等，分析实习机会是否能够提高自身能力和素质，进而选择适合自己的实习岗位。

翻转课堂

（1）在实习单位方面，一般成熟的企业会有完备的管理流程和鲜明的企业文化，可以提升实习者的职业素养。而发展中的中小型公司虽然在管理方面不够成熟，但是实习者可以在职业能力上得到较大的提升。

（2）对于实习报酬要具体情况具体分析，如果实习机会难得，可考虑不要报酬。

3. 在实习中探索个人职业定位

实习是我们探索个人职业定位的好机会。在实习过程中，除了要认真完成单位分配给自己的任务，我们还要主动总结对应岗位的核心能力要求、特性等，观察对应职位的上升空间，以及所处行业的发展前景，并以此为参照分析自己是否适合该岗位或行业，判断是否需要调整自己的职业定位。

4. 在实习中提高自身综合能力

进入企业实习后，要尽快完成从学生到工作者的身份转变和思路转变，不断提高自己的综合能力。

首先，要清楚工作都是结果导向的。客户需要的是成果，工作评估的也是成果，过程中无论做了多少事，只要没有达成目标、交付成果都不算完成工作。如果没有产出成果，必须主动协调资源，推动问题解决。

其次，要分清事情的轻重缓急，对时间进行合理安排。不清楚手里的工作孰轻孰重时，要及时向上级领导反映或请示。

再次，对于工作内容切勿眼高手低，要以积极主动的态度认真对待每一个任务，在规定的时间内保质保量地完成。

最后，还要注意进行有效沟通、与同事和谐相处等问题。

（三）实习实训实务

1. 实习初期

（1）熟悉环境，不做局外人。实习开始后，尽快熟悉环境，除了自己部门的业务内容，还要大致了解其他部门的情况。学习使用打印机、扫描仪等办公设备。

（2）搞清业务关键词。对领导、同事提及的专业名词，做到心中不留疑，第一时间请教他人或查阅相关资料，明白其所指。

（3）多听、多想、多自学。凡事多留心，多问为什么，同时还要学会自学，特别是通过看报告、旁听会议等各种渠道尽快了解工作内容及业务流程。

2. 实习中期

（1）以正式员工的标准要求自己。要把自己当成一个有工作责任感的职场人，积极尝试承担新工作。

（2）做事靠谱，有章法。搞清工作任务，及时汇报工作进度，遇问题先想解决方法再寻求帮助，按时保质保量完成工作。

（3）多总结，多反思。要学会回顾工作、总结经验、思考不足。认真思考这项工作的重点环节是什么，如何避免出错，如何改进，如何更好地应对突发状况等。

3. 实习结束

（1）请实习单位提供一份鉴定，并签字盖章。《实习鉴定》应写明实习岗位、岗位描述、实习过程中完成的工作或项目、工作评价等。

（2）总结实习，并更新自己的简历。总结实习中的问题和收获，反思自己在哪些方面仍需要提升。及时更新简历，为毕业求职做好准备。

（3）保持联络，获取有效信息。如果有意毕业后到实习单位求职，可根据自身情况申请适当延长实习时间。离开实习单位后，继续保持与单位同事的联络，及时了解业务发展，第一时间获得相关招聘信息。

拓展阅读

如何成为优秀的实习生

让领导做选择题，而非解答题

如果领导要求你策划一场宣传活动，你最好不要让领导做解答题，活动的具体细节等琐碎东西不要麻烦领导来确定。领导都喜欢做选择题，你应提前做好活动的多个预案，向领导汇报各个预案的优缺点，让领导来选择执行哪一个。

不要找各种借口

刚开始实习时，因为不熟悉业务难免会出问题。但要注意，出现问题时不能找各种借口推脱责任。如果说完成不了工作是能力问题，那么找各种借口来推脱责任就是态度问题了。这样会给人留下一个特别糟糕的印象。

多做事，少说话

我们要时刻提醒自己来实习的主要目的是提升自我，明白公司招聘你的目的是希望你为公司做出一定贡献，做到在工作期间把精力放在做事上。

提高工作的主动性

对于实习生，公司一般不会安排太多工作任务。我们在完成自己的工作后，要主动观察或开口询问周围的人是否需要帮助，这样才能在实习中真正有所学、有所悟、有所提高。

三、学校—职场角色转换的适应

从学生到职业人的角色转换是高校学生人生中的一个重大转折点。离开学校走上工作岗位,高校学生将面临一系列挑战。第一个是完成角色转换。能否顺利实现角色转换将直接决定该生的职业生涯发展好坏,从某种程度上来说影响学校能否健康发展。这就要求高校的教育工作者不能简单地追求数字层面的就业率,还应密切关注就业质量,关心毕业生离开学校后的第一步,他们从学生到职业人的角色转换情况。

（一）角色转换过程中的问题

1. 自我定位迷失

一些初入职场的高校学生不能很好地进行自我定位。有些高校毕业生要么自视过高,看不起基层工作人员,看不上基层工作;"眼界高",一心想干"大事",而事实上高校毕业生本身没有工作经验不说,在技术技能水平上也没有踏踏实实地积累提升,即使"大事"砸到肩上来了,也不一定扛得起;对"小事",认为有失体面不愿做,胸怀大志,却不脚踏实地,一阵子想干这个工作,一阵子又想做另一个工作,整日恍惚不定。要么自卑过度,处处把自己当职场"小白",无担当,无能力,无上进心,希望处处有人包容,事事有人谅解。

2. 环境适应能力不强

与校园环境相比,职场环境要复杂得多。职场环境既包括工作环境、企业文化,又包括职场人际关系。在入职前,毕业生已经在心里盘算好了,我要去一个什么样的企业。而入职的企业往往与自己理想中的企业有一定的差距。企业文化可能与自己的价值观不完全一致,人际关系往往比预想的要复杂得多,工作环境并不是那么"小资"。如果毕业生不针对差距进行自我调整,则很难适应职场环境。

3. 心理承受能力差

对于大多数高校毕业生来说，初入职场都会遇到一些挫折。角色转换出问题的学生遇到挫折时，心理承受能力太差。对自己不满意，对现实不满意，对自己能否胜任职业岗位表示怀疑。不断自我否定，自信心慢慢丧失，工作越干越糟糕，挫败感越来越强烈。

4. 就业准备不充分

高校学生普遍存在学习积极性不强、自我要求不高、上进心不足等问题，每个阶段的学习基本都是在外力推动下进行的。由于缺乏充分的就业准备，在专业技术技能、社交能力、沟通能力、团队合作能力等方面准备不足，走上了工作岗位却不能马上胜任，导致角色转换出问题。

（二）解决对策

1. 学生层面

（1）做好充分的就业准备

高校学生既要做好对应工作岗位必需的技术技能准备，更要做好迎接工作挑战的心理准备。要对自己即将奔赴的职业岗位需具备什么样的职业技能、职业素养有充分的认识。要有从头开始、虚心学习的态度，向经验丰富的前辈学习，提高职业能力，适应职场要求。只有具备岗位能力，才配得上这个岗位角色称号，才能顺利胜任工作。脚踏实地，重视第一份工作。高校大学生应把第一份工作作为了解社会的一个窗口，利用第一份工作重新认识自己，适应社会，完成从学生到职业人的转变。同时要把胸怀远大理想与脚踏实地结合起来，人生定会有出彩的机会。

（2）做好职场思维转变

适时学会妥协，虚心请教；不卑不亢，且必须有自信。入职前要对企业有正确的认知，能清楚地知道是什么激发你加入该企业；企业给予你的，需要你为此付出什么样的努力。"单打独斗"、埋头苦学的学生时代即将结束，职场中更多的是团队协作，激烈竞争，要学会与他人相处。

2. 学校层面

高校在学生就业指导工作上，从教育理念到制度层面应给予足够重视，在实际教学活动中落实。

（1）完善就业指导课程体系和就业导师制度

在校学习期间，根据学生发展需要开设"大学生职业生涯规划""就业指导与职业道德""创新创业"等课程，对学生进行职业规划、就业准备、职业道德等相关理论教学，不断提高学生求职择业的能力和技巧。新生入学时就安排专门的导师，对学生的职业生涯规划、就业准备和职业适应进行跟踪指导。高校大学生初入职场的前三个月是角色转换的关键期，就业导师应在这个时期及时给予学生帮助和引导，密切关注、及时掌握他们的职场适应状况，与他们进行有效的沟通，发现问题立即处理，助力学生完成角色转换。

（2）开展有针对性的项目训练

一是责任心培养。责任心强不强，是用人单位考核职工的重要内容。从某种程度上说，职工的责任心比能力更重要。在校期间必须对学生进行职业责任心的培养。首先，要让高校大学生充分认识职业责任心的重要性，可以通过典型案例的讲解，模范人物的榜样示范，让责任心深入学生心中。其次，注重践行，严格要求学生把每次实训实践当成职业活动完成，把每一件事情都尽职尽责地做好，有意识地培养责任感。

二是团队合作能力培养。职场中，人际关系复杂，竞争中需要合作才能达到共赢。具有团队精神，具备团队协作能力，是取得职场成功的必备条件。教育工作者在组织教学活动中，应该多设计一些需要学生团队合作才能完成的学习任务。让学生在完成任务中明白团队合作的重要性，提高团队合作能力。

三是就业心理训练。通过相关教学活动让学生对就业过程中可能产生的心理状况有正确的认知，掌握调节心理问题的具体方法，不断提高心理承受能力。

四是加强校企合作协同育人。如今校企合作是很多高校采取的重要办学模式之一。学生能在企业实践过程中提前了解本专业对应职业岗位的真实情况，更直观地看到自身与行业需求的差距，提高工作能力和适应能力，提前为角色转换做好准备。

3. 企业层面

为确保初入职场的高校大学生能更快实现角色转换，成为合格的职业人，企业对新入职员工进行岗前培训必不可少。通过岗前培训，帮助新员工了解岗位工作的要求和流程，熟知工作制度与行为规范，减轻心理上的不适应感，尽快进入工作状态，融入工作团队，完成角色转换。企业可以采用"导师制"，让"师傅"把职场新人"领进门"。或者采取企业认证制度，让新人按照规定修完企业的认证学分，顺利转正，实现角色转换。

拓展阅读

大学生选择实习　有人看平台有人注重机会

如今，很多大学生在选择实习时，不再只考虑薪资高低，他们还考虑兴趣、平台和经验等因素。

期待提高自我，坚持兴趣至上

在四川一所高校读硕士研究生二年级的潘微微，本科专业是电子商务，硕士研究生所学专业是市场营销，她选择了一份与自己所学专业完全不对口的实习工作——人力资源管理。"我对人力资源管理比较感兴趣，希望在工作中接触不同的人和事，所以在选择实习工作的时候我就留意了有人力资源岗位的公司。"

从一开始的不熟悉到后来的熟能生巧，潘微微发现许多学科都是融会贯通的。在她看来，大学生可以根据自己的兴趣爱好选择实习岗位，积累不同领域的经验，确定自己与理想岗位的匹配度。在人力资源管理岗位实习之后，她总结出了自己的一些经验："虽然以后我也不能确定自己是否从事这份职业，但是在这里实习让我对未来应聘有了一些经验，知道用人单位看重应聘人的哪些素质，我觉得这一点很重要。"

看重实习平台，注重资源与机会

在成都一所高校读大三的余婧文，目前已有过3次实习经历。从大一开始，她就决定毕业直接找工作，她对实习工作的选择也有着明确的目标。"我主要是根据自己未来的就业方向来选择实习岗位，比较看重公司的平台和行业的前景。大公司的实习经历比较有含金量，写在简历里比较好看，而且在大公司会拓宽整个人的视野和格局,能够接触更多更好的资源,可以为以后的工作打下良好的根基。"

余婧文在选择实习时首选世界500强企业,并且会根据行业的发展和公司的近况对实习的平台和岗位进行评估,再结合自身的情况最终敲定实习意向。

在多次实习中找寻方向

在上海一所高校读大三的沈月有过3次实习经历。大二寒假,她找到了自己的第一份实习工作,实习单位是一家传统媒体;大二暑假,她去了一家互联网初创企业,做亲子类社交平台的内容输出工作;大三期间,她换了一家有名的互联网公司做运营工作。从传统媒体到新媒体,选择的变化,得益于沈月自身在工作中的不断探索。

阶段不同,需求不同

浙江理工大学的辅导员侯霞表示,大学生频繁换实习岗位的情况比较多见。她将同学们在大学不同阶段对实习态度的转变,归因于学生在知识掌握和未来道路选择上的变化。"我经常遇到一些大一同学,找实习的唯一要求就是'兴趣',只要是新奇的、有趣的工作,同学们都跃跃欲试,但他们对实习没有明确的认识。到了大二、大三,实习与学分挂钩,更多同学通过实习寻找适合自己的职业。大四的学生对实习的选择则与他们未来要从事的工作具有高度吻合性,他们会通过实习积累工作经验或在实习中寻找转正机会。"侯霞说。

——新华网,2018年6月4日,有修改

探究分享

2019年,全国接连发生多起煤矿爆炸事故,陕西、山西、四川等地5天内接连发生3起较大煤矿事故。煤矿安全事故,除去井下地质条件不可抗拒的自然因素外,很大程度上是煤矿职工和管理人员违章作业、违章指挥、违反劳动纪律等人为的"三违"所致。煤矿生产安全事件频发,严重危害了社会正常的生产、生活秩序,在给国家造成重大物质损失的同时,也严重侵害、威胁着广大劳动者的生命、健康和利益。

在我国,煤矿安全问题频发,这会对劳动者自身、企业生产活动和社会带来什么影响?企业生产活动追求经济效益,发展国民经济是否应该成为劳动不安全和环境污染的理由?

请自己思考,也可以与小组成员一起讨论,得出小组共同的观点。

附录一

中共中央 国务院
关于全面加强新时代大中小学劳动教育的意见
（2020年3月20日）

为构建德智体美劳全面培养的教育体系，现就加强新时代大中小学劳动教育提出如下意见。

一、充分认识新时代培养社会主义建设者和接班人对加强劳动教育的新要求

（一）**重大意义**。劳动教育是中国特色社会主义教育制度的重要内容，直接决定社会主义建设者和接班人的劳动精神面貌、劳动价值取向和劳动技能水平。长期以来，各地区和学校坚持教育与生产劳动相结合，在实践育人方面取得了一定成效。同时也要看到，近年来一些青少年中出现了不珍惜劳动成果、不想劳动、不会劳动的现象，劳动的独特育人价值在一定程度上被忽视，劳动教育正被淡化、弱化。对此，全党全社会必须高度重视，采取有效措施切实加强劳动教育。

（二）**指导思想**。以习近平新时代中国特色社会主义思想为指导，全面贯彻党的教育方针，落实全国教育大会精神，坚持立德树人，坚持培育和践行社会主义核心价值观，把劳动教育纳入人才培养全过程，贯通大中小学各学段，贯穿家庭、学校、社会各方面，与德育、智育、体育、美育相融合，紧密结合经济社会发展变化和学生生活实际，积极探索具有中国特色的劳动教育模式，创新体制机制，注重教育实效，实现知行合一，促进学生形成正确的世界观、人生观、价值观。

（三）**基本原则**

——把握育人导向。坚持党的领导，围绕培养担当民族复兴大任的时代新人，着力提升学生综合素质，促进学生全面发展、健康成长。把准劳动教育价值取向，引导学生树立正确的劳动观，崇尚劳动、尊重劳动，增强对劳动人民的感情，报效国家，奉献社会。

——遵循教育规律。符合学生年龄特点，以体力劳动为主，注意手脑并用、安全适度，强化实践体验,让学生亲历劳动过程,提升育人实效性。

——体现时代特征。适应科技发展和产业变革,针对劳动新形态,注重新兴技术支撑和社会服务新变化。深化产教融合,改进劳动教育方式。强化诚实合法劳动意识,培养科学精神,提高创造性劳动能力。

——强化综合实施。加强政府统筹,拓宽劳动教育途径,整合家庭、学校、社会各方面力量。家庭劳动教育要日常化,学校劳动教育要规范化,社会劳动教育要多样化,形成协同育人格局。

——坚持因地制宜。根据各地区和学校实际,结合当地在自然、经济、文化等方面条件,充分挖掘行业企业、职业院校等可利用资源,宜工则工、宜农则农,采取多种方式开展劳动教育,避免"一刀切"。

二、全面构建体现时代特征的劳动教育体系

(四)**把握劳动教育基本内涵**。劳动教育是国民教育体系的重要内容,是学生成长的必要途径,具有树德、增智、强体、育美的综合育人价值。实施劳动教育重点是在系统的文化知识学习之外,有目的、有计划地组织学生参加日常生活劳动、生产劳动和服务性劳动,让学生动手实践、出力流汗,接受锻炼、磨炼意志,培养学生正确劳动价值观和良好劳动品质。

(五)**明确劳动教育总体目标**。通过劳动教育,使学生能够理解和形成马克思主义劳动观,牢固树立劳动最光荣、劳动最崇高、劳动最伟大、劳动最美丽的观念;体会劳动创造美好生活,体认劳动不分贵贱,热爱劳动,尊重普通劳动者,培养勤俭、奋斗、创新、奉献的劳动精神;具备满足生存发展需要的基本劳动能力,形成良好劳动习惯。

(六)**设置劳动教育课程**。整体优化学校课程设置,将劳动教育纳入中小学国家课程方案和职业院校、普通高等学校人才培养方案,形成具有综合性、实践性、开放性、针对性的劳动教育课程体系。

根据各学段特点,在大中小学设立劳动教育必修课程,系统加强劳动教育。中小学劳动教育课每周不少于1课时,学校要对学生每天课外校外劳动时间做出规定。职业院校以实习实训课为主要载体开展劳动教育,其中劳动精神、劳模精神、工匠精神专题教育不少于16学时。普通高等学校要明确劳动教育主要依托课程,其中本科阶段不少于32学时。除劳动教育必修课程外,其他课程结合学科、专业特点,有机融入劳动教育内容。大中小学每学年设立劳动周,可在学年内或寒暑假自主安排,以集体劳动为主。高等学校也可安排劳动月,集中落实各学年劳动周要求。

根据需要编写劳动实践指导手册,明确教学目标、活动设计、工具使用、考核评价、安全保护等劳动教育要求。

（七）确定劳动教育内容要求。根据教育目标，针对不同学段、类型学生特点，以日常生活劳动、生产劳动和服务性劳动为主要内容开展劳动教育。结合产业新业态、劳动新形态，注重选择新型服务性劳动的内容。

小学低年级要注重围绕劳动意识的启蒙，让学生学习日常生活自理，感知劳动乐趣，知道人人都要劳动。小学中高年级要注重围绕卫生、劳动习惯养成，让学生做好个人清洁卫生，主动分担家务，适当参加校内外公益劳动，学会与他人合作劳动，体会到劳动光荣。初中要注重围绕增加劳动知识、技能，加强家政学习，开展社区服务，适当参加生产劳动，使学生初步养成认真负责、吃苦耐劳的品质和职业意识。普通高中要注重围绕丰富职业体验，开展服务性劳动、参加生产劳动，使学生熟练掌握一定劳动技能，理解劳动创造价值，具有劳动自立意识和主动服务他人、服务社会的情怀。中等职业学校重点是结合专业人才培养，增强学生职业荣誉感，提高职业技能水平，培育学生精益求精的工匠精神和爱岗敬业的劳动态度。高等学校要注重围绕创新创业，结合学科和专业积极开展实习实训、专业服务、社会实践、勤工助学等，重视新知识、新技术、新工艺、新方法应用，创造性地解决实际问题，使学生增强诚实劳动意识，积累职业经验，提升就业创业能力，树立正确择业观，具有到艰苦地区和行业工作的奋斗精神，懂得空谈误国、实干兴邦的深刻道理；注重培育公共服务意识，使学生具有面对重大疫情、灾害等危机主动作为的奉献精神。

（八）健全劳动素养评价制度。将劳动素养纳入学生综合素质评价体系，制定评价标准，建立激励机制，组织开展劳动技能和劳动成果展示、劳动竞赛等活动，全面客观记录课内外劳动过程和结果，加强实际劳动技能和价值体认情况的考核。建立公示、审核制度，确保记录真实可靠。把劳动素养评价结果作为衡量学生全面发展情况的重要内容，作为评优评先的重要参考和毕业依据，作为高一级学校录取的重要参考或依据。

三、广泛开展劳动教育实践活动

（九）家庭要发挥在劳动教育中的基础作用。注重抓住衣食住行等日常生活中的劳动实践机会，鼓励孩子自觉参与、自己动手，随时随地、坚持不懈进行劳动，掌握洗衣做饭等必要的家务劳动技能，每年有针对性地学会1至2项生活技能。鼓励学校（家委会）和社区等组织开展学生生活技能展示活动。学生参加家务劳动和掌握生活技能的情况要按年度记入学生综合素质档案。鼓励孩子利用节假日参加各种社会劳动。家庭要树立崇尚劳动的良好家风，家长要通过日常生活的言传身教、潜移默化，让孩子养成从小爱劳动的好习惯。

（十）学校要发挥在劳动教育中的主导作用。学校要切实承担劳动教育主体责任，明确实施机构和人员,开齐开足劳动教育课程,不得挤占、挪用劳动实践时间。明确学校劳动教育要求,着重引导学生形成马克思主义劳动观,系统学习掌握必要的劳动技能。根据学生身体发育情况,科学设计课内外劳动项目,采取灵活多样形式,激发学生劳动的内在需求和动力。统筹安排课内外时间,可采用集中与分散相结合的方式。组织实施好劳动周,小学低中年级以校园劳动为主,小学高年级和中学可适当走向社会、参与集中劳动,高等学校要组织学生走向社会、以校外劳动锻炼为主。

（十一）社会要发挥在劳动教育中的支持作用。充分利用社会各方面资源,为劳动教育提供必要保障。各级政府部门要积极协调和引导企业公司、工厂农场等组织履行社会责任,开放实践场所,支持学校组织学生参加力所能及的生产劳动、参与新型服务性劳动,使学生与普通劳动者一起经历劳动过程。鼓励高新企业为学生体验现代科技条件下劳动实践新形态、新方式提供支持。工会、共青团、妇联等群团组织以及各类公益基金会、社会福利组织要组织动员相关力量、搭建活动平台,共同支持学生深入城乡社区、福利院和公共场所等参加志愿服务,开展公益劳动,参与社区治理。

四、着力提升劳动教育支撑保障能力

（十二）多渠道拓展实践场所。大力拓展实践场所,满足各级各类学校多样化劳动实践需求。充分利用现有综合实践基地、青少年校外活动场所、职业院校和普通高等学校劳动实践场所,建立健全开放共享机制。农村地区可安排相应土地、山林、草场等作为学农实践基地,城镇地区可确认一批企事业单位和社会机构,作为学生参加生产劳动、服务性劳动的实践场所。建立以县为主、政府统筹规划配置中小学(含中等职业学校)劳动教育资源的机制。进一步完善学校建设标准,学校逐步建好配齐劳动实践教室、实训基地。高等学校要充分发挥自身专业优势和服务社会功能,建立相对稳定的实习和劳动实践基地。

（十三）多举措加强人才队伍建设。采取多种措施,建立专兼职相结合的劳动教育师资队伍。根据学校劳动教育需要,为学校配备必要的专任教师。高等学校要加强劳动教育师资培养,有条件的师范院校开设劳动教育相关专业。设立劳模工作室、技能大师工作室、荣誉教师岗位等,聘请相关行业专业人士担任劳动实践指导教师。把劳动教育纳入教师培训内容,开展全员培训,强化每位教师的劳动意识、劳动观念,提升实施劳动教育的自觉性,对承担劳动教育课程的教师进行专项培训,提高劳动教育专业化水平。建立健全劳动教育教师工作考核体系,分类完善评价标准。

（十四）健全经费投入机制。各地区要统筹中央补助资金和自有财力,多种形式筹措资金,加快建设校内劳动教育场所和校外劳动教育实践基地,加强学校劳动教育设施标准化建设,建立学校劳动教育器材、耗材补充机制。学校可按照规定统筹安排公用经费等资金开展劳动教育。可采取政府购买服务方式,吸引社会力量提供劳动教育服务。

（十五）**多方面强化安全保障**。各地区要建立政府负责、社会协同、有关部门共同参与的安全管控机制。建立政府、学校、家庭、社会共同参与的劳动教育风险分散机制,鼓励购买劳动教育相关保险,保障劳动教育正常开展。各学校要加强对师生的劳动安全教育,强化劳动风险意识,建立健全安全教育与管理并重的劳动安全保障体系。科学评估劳动实践活动的安全风险,认真排查、清除学生劳动实践中的各种隐患特别是辐射、疾病传染等,在场所设施选择、材料选用、工具设备和防护用品使用、活动流程等方面制定安全、科学的操作规范,强化对劳动过程每个岗位的管理,明确各方责任,防患于未然。制定劳动实践活动风险防控预案,完善应急与事故处理机制。

五、切实加强劳动教育的组织实施

（十六）**加强组织领导**。在党委统一领导下,各级政府要把劳动教育摆上重要议事日程,出台相关政策措施,切实解决劳动教育实施过程中的重大问题,做好督促落实。省级政府要加强劳动教育工作的统筹协调,明确市地级、县级政府及有关部门加强劳动教育的职责,推动建立全面实施劳动教育的长效机制。

（十七）**强化督导检查**。把劳动教育纳入教育督导体系,完善督导办法。对地方各级政府和有关部门保障劳动教育情况以及学校组织实施劳动教育情况进行督导,督导结果向社会公开,同时作为衡量区域教育质量和水平的重要指标,作为对被督导部门和学校及其主要负责人考核奖惩的依据。开展劳动教育质量监测,强化反馈和指导。

（十八）**加强宣传引导**。引导家长树立正确劳动观念,支持配合学校开展劳动教育。加强劳动教育科学研究,宣传推广劳动教育典型经验。积极宣传企事业单位和社会机构提供劳动教育服务的先进事迹。注重挖掘在抗疫救灾等重大事件中涌现出来的典型人物和事迹,大力宣传不畏艰难、百折不挠、敢于担当的高尚品格。鼓励和支持创作更多以歌颂普通劳动者为主题的优秀作品,大力宣传辛勤劳动、诚实劳动、创造性劳动的典型人物和事迹,弘扬劳动光荣、创造伟大的主旋律,旗帜鲜明地反对一切不劳而获、贪图享乐、崇尚暴富的错误观念,营造全社会关心和支持劳动教育的良好氛围。

附录二

教育部
关于印发《大中小学劳动教育指导纲要(试行)》的通知

教材〔2020〕4号

各省、自治区、直辖市教育厅(教委),新疆生产建设兵团教育局,有关部门(单位)教育司(局),部属各高等学校、部省合建各高等学校:

为深入贯彻习近平总书记关于教育的重要论述,全面贯彻党的教育方针,落实《中共中央 国务院关于全面加强新时代大中小学劳动教育的意见》,加快构建德智体美劳全面培养的教育体系,我部组织研究制定了《大中小学劳动教育指导纲要(试行)》,现印发给你们,请认真贯彻落实。

教育部
2020年7月7日

大中小学劳动教育指导纲要(试行)

为深入贯彻习近平总书记关于教育的重要论述,全面贯彻党的教育方针,落实《中共中央 国务院关于全面加强新时代大中小学劳动教育的意见》,加快构建德智体美劳全面培养的教育体系,制定本指导纲要。

一、劳动教育性质和基本理念

(一)劳动教育性质

劳动是创造物质财富和精神财富的过程,是人类特有的基本社会实践活动。劳动教育是发挥劳动的育人功能,对学生进行热爱劳动、热爱劳动人民的教育活动。当前实施劳动教育的重点是在系统的文化知识学习之外,有目的、有计划地组织学生参加日常生活劳动、生产劳动和服务性劳动,让学生动手实践、出力流汗,接受锻炼、磨炼意志,培养学生正确劳动价值观和良好劳动品质。

劳动教育是新时代党对教育的新要求,是中国特色社会主义教育制度的重要内容,是全面发展教育体系的重要组成部分,是大中小学必须开展的教育活动。它具有鲜明的思想性,必须将马克思主义劳动观贯彻始终,强调劳动是一切财富、价值的源泉,劳动者是国家的主人,一切劳动和劳动者都应该得到鼓励和尊重;倡导通过诚实劳动创造美好生活、实现人生梦想,反对一切不劳而获、崇尚暴富、贪图享乐的错误思想。具有突出的社会性,必须加强学校教育与社会生活、生产实践的直接联系,发挥劳动在个人与社会之间的纽带作用,引导学生认识社会,增强社会责任感;同时注重让学生学会分工合作,体会社会主义社会平等、和谐的新型劳动关系。具有显著的实践性,必须面向真实的生活世界和职业世界,引导学生以动手实践为主要方式,在认识世界的基础上,获得有积极意义的价值体验,学会建设世界,塑造自己,实现树德、增智、强体、育美的目的。

(二)劳动教育基本理念

1. 强化劳动观念,弘扬劳动精神。将劳动观念和劳动精神教育贯穿人才培养全过程,贯穿家庭、学校、社会各方面。注重让学生在学习和掌握基本劳动知识技能的过程中,领悟劳动的意义价值,形成勤俭、奋斗、创新、奉献的劳动精神。

2. 强调身心参与,注重手脑并用。把握劳动教育的根本特征,让学生面对真实的个人生活、生产和社会性服务任务情境,亲历实际的劳动过程,善于观察思考,注重运用所学知识解决实际问题,提高劳动质量和效率。

3. 继承优良传统,彰显时代特征。在充分发挥传统劳动、传统工艺项目育人功能的同时,紧跟科技发展和产业变革,准确把握新时代劳动工具、劳动技术、劳动形态的新变化,创新劳动教育内容、途径、方式,增强劳动教育的时代性。

4. 发挥主体作用,激发创新创造。关注学生劳动过程中的体验和感悟,引导学生感受劳动的艰辛和收获的快乐,增强获得感、成就感、荣誉感。鼓励学生在学习和借鉴他人丰富经验、技艺的基础上,尝试新方法、探索新技术,打破僵化思维方式,推陈出新。

二、劳动教育目标和内容

(一)总体目标

准确把握社会主义建设者和接班人的劳动精神面貌、劳动价值取向和劳动技能水平的培养要求,全面提高学生劳动素养,使学生:

树立正确的劳动观念。正确理解劳动是人类发展和社会进步的根本力量,认识劳动创造人、劳动创造价值、创造财富、创造美好生活的道理,尊重劳动,尊重普通劳动者,牢固树立劳动最光荣、劳动最崇高、劳动最伟大、劳动最美丽的思想观念。

具有必备的劳动能力。掌握基本的劳动知识和技能,正确使用常见劳动工具,增强体力、智力和创造力,具备完成一定劳动任务所需要的设计、操作能力及团队合作能力。

培育积极的劳动精神。领会"幸福是奋斗出来的"内涵与意义,继承中华民族勤俭节约、敬业奉献的优良传统,弘扬开拓创新、砥砺奋进的时代精神。

养成良好的劳动习惯和品质。能够自觉自愿、认真负责、安全规范、坚持不懈地参与劳动,形成诚实守信、吃苦耐劳的品质。珍惜劳动成果,养成良好的消费习惯,杜绝浪费。

(二)主要内容

主要包括日常生活劳动、生产劳动和服务性劳动中的知识、技能与价值观。日常生活劳动教育立足个人生活事务处理,结合开展新时代校园爱国卫生运动,注重生活能力和良好卫生习惯培养,树立自立自强意识。生产劳动教育要让学生在工农业生产过程中直接经历物质财富的创造过程,体验从简单劳动、原始劳动向复杂劳动、创造性劳动的发展过程,学会使用工具,掌握相关技术,感受劳动创造价值,增强产品质量意识,体会平凡劳动中的伟大。服务性劳动教育让学生利用知识、技能等为他人和社会提供服务,在服务性岗位上见习实习,树立服务意识,实践服务技能;在公益劳动、志愿服务中强化社会责任感。

(三)学段要求

1. 小学

低年级:以个人生活起居为主要内容,开展劳动教育,注重培养劳动意识和劳动安全意识,使学生懂得人人都要劳动,感知劳动乐趣,爱惜劳动成果。指导学生:(1)完成个人物品整理、清洗,进行简单的家庭清扫和垃圾分类等,树立自己的事情自己做的意识,提高生活自理能力;(2)参与适当的班级集体劳动,主动维护教室内外环境卫生等,培养集体荣誉感;(3)进行简单手工制作,照顾身边的动植物,关爱生命,热爱自然。

中高年级:以校园劳动和家庭劳动为主要内容开展劳动教育,体会劳动光荣,尊重普通劳动者,初步养成热爱劳动、热爱生活的态度。指导学生:(1)参与家居清洁、收纳整理,制作简单的家常餐等,每年学会1—2项生活技能,增强生活自理能力和勤俭节约意识,培养家庭责任感;(2)参加校园卫生保洁、垃圾分类处理、绿化美化等,适当参加社区环保、公共卫生等力所能及的公益劳动,增强公共服务意识;(3)初步体验种植、养殖、手工制作等简单的生产劳动,初步学会与他人合作劳动,懂得生活用品、食品来之不易,珍惜劳动成果。

2. 初中

兼顾家政学习、校内外生产劳动、服务性劳动,安排劳动教育内容,开展职业启蒙教育,体会劳动创造美好生活,养成认真负责、吃苦耐劳的劳动品质和安全意识,增强公共服务意识和担当精神。让学生:(1)承担一定的家庭日常清洁、烹饪、家居美化等劳动,进一步培养生活自理能力和习惯,增强家庭责任意识;(2)定期开展校园包干区域保洁和美化,以及助残、敬老、扶弱等服务性劳动,初步形成对学校、社区负责任的态度和社会公德意识;(3)适当体验包括金工、木工、电工、陶艺、布艺等项目在内的劳动及传统工艺制作过程,尝试家用器具、家具、电器的简单修理,参与种植、养殖等生产活动,学习相关技术,获得初步的职业体验,形成初步的生涯规划意识。

3. 普通高中

注重围绕丰富职业体验,开展服务性劳动和生产劳动,理解劳动创造价值,接受锻炼、磨炼意志,具有劳动自立意识和主动服务他人、服务社会的情怀。指导学生:(1)持续开展日常生活劳动,增强生活自理能力,固化良好劳动习惯;(2)选择服务性岗位,经历真实的岗位工作过程,获得真切的职业体验,培养职业兴趣;积极参加大型赛事、社区建设、环境保护等公益活动、志愿服务,强化社会责任意识和奉献精神;(3)统筹劳动教育与通用技术课程相关内容,从工业、农业、现代服务业以及中华优秀传统文化特色项目中,自主选择1—2项生产劳动,经历完整的实践过程,提高创意物化能力,养成吃苦耐劳、精益求精的品质,增强生涯规划的意识和能力。

4. 职业院校

重点结合专业特点,增强职业荣誉感和责任感,提高职业劳动技能水平,培育积极向上的劳动精神和认真负责的劳动态度。组织学生:(1)持续开展日常生活劳动,自我管理生活,提高劳动自立自强的意识和能力;(2)定期开展校内外公益服务性劳动,做好校园环境秩序维护,运用专业技能为社会、为他人提供相关公益服务,培育社会公德,厚植爱国爱民的情怀;(3)依托实习实训,参与真实的生产劳动和服务性劳动,增强职业认同感和劳动自豪感,提升创意物化能力,培育不断探索、精益求精、追求卓越的工匠精神和爱岗敬业的劳动态度,坚信"三百六十行,行行出状元",体认劳动不分贵贱,任何职业都很光荣,都能出彩。

5. 普通高等学校

强化马克思主义劳动观教育,注重围绕创新创业,结合学科专业开展生产劳动和服务性劳动,积累职业经验,培育创造性劳动能力和诚实守信的合法劳动意识。使学生:(1)掌握通用劳动科学知识,深刻理解马克思主义劳动观和社会主义劳动关系,树立正确的择业就业创业观,具有到艰苦地区和行业工作的奋斗精神;(2)巩固良好日常生活劳动习惯,自觉做好宿舍卫生保洁,独立处理个人生活事务,积极参加勤工助学活动,提高劳动自立自强能力;(3)强化服务性劳动,自觉参与教室、食堂、校园场所的卫生保洁、绿化美化和管理服务等,结合"三支一扶"、大学生志愿服务西部计划、"青年红色筑梦之旅""三下乡"等社会实践活动开展服务性劳动,强化公共服务意识和面对重大疫情、灾害等危机主动作为的奉献精神;(4)重视生产劳动锻炼,积极参加实习实训、专业服务和创新创业活动,重视新知识、新技术、新工艺、新方法的运用,提高在生产实践中发现问题和创造性解决问题的能力,在动手实践的过程中创造有价值的物化劳动成果。

三、劳动教育途径、关键环节和评价

(一)劳动教育途径

将劳动教育纳入人才培养全过程,丰富、拓展劳动教育实施途径。

1. 独立开设劳动教育必修课

在大中小学设立劳动教育必修课程。中小学劳动教育课平均每周不少于1课时,用于活动策划、技能指导、练习实践、总结交流等,与通用技术和地方课程、校本课程等有关内容进行必要统筹。职业院校开设劳动专题教育必修课,不少于16学时;主要围绕劳动精神、劳模精神、工匠精神、劳动组织、劳动安全和劳动法规等方面设计。普通高等学校要将劳动教育纳入专业人才培养方案,明确主要依托的课程,可在已有课程中专设劳动教育模块,也可专门开设劳动专题教育必修课,本科阶段不少于32学时;课程内容应加强马克思主义劳动观教育,普及与学生职业发展密切相关的通用劳动科学知识,并经历必要的实践体验。

2. 在学科专业中有机渗透劳动教育

中小学道德与法治(思想政治)、语文、历史、艺术等学科要有重点地纳入劳动创造人本身、劳动创造历史、劳动创造世界、劳动不分贵贱等马克思主义劳动观,纳入歌颂劳模、歌颂普通劳动者的选文选材,纳入阐释勤劳、节俭、艰苦奋斗等中华民族优良传统的内容,加强对学生辛勤劳动、诚实劳动、合法劳动等方面的教育。数学、科学、地理、技术、体育与健康等学科要注重培养学生劳动的科学态度、规范意识、效率观念和创新精神。

职业院校要将劳动教育全面融入公共基础课,要强化马克思主义劳动观、劳动安全、劳动法规教育。专业课在进行职业劳动知识技能教学的同时,注重培养"干一行爱一行"的敬业精神,吃苦耐劳、团结合作、严谨细致的工作态度。

普通高等学校要将劳动教育有机纳入专业教育、创新创业教育,不断深化产教融合,强化劳动锻炼要求,加强高等学校与行业骨干企业、高新企业、中小微企业紧密协同,推动人才培养模式改革。专业类课程主要与服务学习、实习实训、科学实验、社会实践、毕业设计等相结合开展各类劳动实践,注重分析相关劳动形态发展趋势,强化劳动品质培养。在公

共必修课中,要进一步强化马克思主义劳动观教育、劳动相关法律法规与政策教育。

3. 在课外校外活动中安排劳动实践

将劳动教育与学生的个人生活、校园生活和社会生活有机结合起来,丰富劳动体验,提高劳动能力,深化对劳动价值的理解。

中小学每周课外活动和家庭生活中劳动时间,小学1至2年级不少于2小时,其他年级不少于3小时;职业院校和普通高等学校要明确生活中的劳动事项和时间,纳入学生日常管理工作。

大中小学每学年设立劳动周,采用专题讲座、主题演讲、劳动技能竞赛、劳动成果展示、劳动项目实践等形式进行。小学以校内为主,小学高年级可适当安排部分校外劳动;普通中学、职业院校和普通高等学校兼顾校内外,可在学年内或寒暑假安排,以集体劳动为主,由学校组织实施。高等学校也可安排劳动月,集中落实各学年劳动周要求。

4. 在校园文化建设中强化劳动文化

学校要将劳动习惯、劳动品质的养成教育融入校园文化建设之中。要通过制定劳动公约、每日劳动常规、学期劳动任务单,采取与劳动教育有关的兴趣小组、社团等组织形式,结合植树节、学雷锋纪念日、五一劳动节、农民丰收节、志愿者日等,开展丰富的劳动主题教育活动,营造劳动光荣、创造伟大的校园文化。

要举办"劳模大讲堂""大国工匠进校园"、优秀毕业生报告会等劳动榜样人物进校园活动,组织劳动技能和劳动成果展示,综合运用讲座、宣传栏、新媒体等,广泛宣传劳动榜样人物事迹,特别是身边的普通劳动者事迹,让师生在校园里近距离接触劳动模范,聆听劳模故事,观摩精湛技艺,感受并领悟勤勉敬业的劳动精神,争做新时代的奋斗者。

(二)劳动教育关键环节

各地和学校要注重围绕劳动教育的目标和内容要求,从提高劳动教育的效果出发,把握劳动教育任务的特点,抓住关键环节,选择适宜的劳动教育方式。

1. 讲解说明。围绕劳动为什么、是什么问题,有重点地进行讲解,让学生懂得劳动的意义和价值。加强劳动观念、劳动纪律、劳动相关法律法规的正面引导,指明轻视劳动特别是轻视普通劳动的危害,让学生明辨是非。加强劳动知识技能的讲解,让学生认清事理,掌握实践操作的基本原理、程序、规则,正确使用工具的方法和技术。讲解要与启发思考、示范、练习等结合起来。

2. 淬炼操作。围绕如何做的问题,注重示范与练习,让学生会劳动。强化规范意识,注重从最基本的程序学起,严守规则,避免主观随意。强化质量意识,注重引导学生关注细节、每个步骤、环节都要精准到位。强化专注品质,注重引导学生对操作行为的评估与监控,做到眼到手到心到,有始有终。

3. 项目实践。围绕劳动能力的培养,让学生完成真实、综合任务,经历完整劳动过程。注重劳动价值体认,引导学生从现实生活中发现需求,选择和确定劳动项目。强化规划设计意识,充分发挥学生的主动性、积极性、创造性,引导学生对项目实践进行整体构思,综合运用所学知识、技术,不断优化行动方案。强化身体力行,锤炼意志品质,敢于在困难与挑战中完成行动任务。

4. 反思交流。围绕劳动价值意义的建构,引导学生总结、交流,促进学生形成反思交流习惯。指导学生思考劳动过程和结果与社会进步、个体成长的关联,避免停留在简单的苦乐体验上。组织学生交流分享劳动的体验和收获,肯定具有积极意义的认识,纠正观念上的偏差。将反思交流与改进结合起来,使学生在劳动中获得成长。

5. 榜样激励。围绕劳动的精神追求,树立典型,激发劳动热情。注意遴选、树立多类型榜样,不仅要有大国工匠、劳动模范,还要有身边劳动表现优异的普通劳动者和同学。指导学生从榜样的具体事迹中领悟他们的高尚精神和优良品质。明确要求学生在日常劳动实践中努力向榜样看齐。

(三)劳动教育评价

将劳动素养纳入学生综合素质评价体系。以劳动教育目标、内容要求为依据,将过程性评价和结果性评价结合起来,健全和完善学生劳动素养评价标准、程序和方法,鼓励、支持各地利用大数据、云平台、物联网等现代信息技术手段,开展劳动教育过程监测与记实评价,发挥评价的育人导向和反馈改进功能。

1. 平时表现评价

要在平时劳动教育实践活动中及时进行评价,以评价促进学生发展。要覆盖各类型劳动教育活动,明确学年劳动实践类型、次数、时间等考核要求。关注学生在劳动教育活动中的实际表现,注重从行为表现中分析把握劳动观念形成情况。以自我评价为主,辅以教师、同伴、家长、服务对象、用人单位等他评方式,指导学生进行反思改进。要指导学生如实记录劳动教育活动情况,收集整理相关制品、作品等,选择代表性的写实记录,纳入综合素质档案,作为学生学年评优评先的重要参考。

2. 学段综合评价

学段结束时,要依据学段目标和内容,结合综合素质档案分析,兼顾必修课学习和课外劳动实践,对劳动观念、劳动能力、劳动精神、劳动习惯和品质等劳动素养发展状况进行综合评定。建立诚信机制,实行写实记录抽查制度,对弄虚作假者在评优评先方面一票否决,性质严重的应依法依规严肃处理。在高中和大学开展志愿者星级认证。高中学校和高等学校要将考核结果作为毕业依据之一。推动将学段综合评价结果作为学生升学、就业的重要参考。

3. 开展学生劳动素养监测

将学生劳动素养监测纳入基础教育质量监测、职业院校教学质量评估和普通高等学校本科教学质量评估。可委托有关专业机构,定期组织开展关于学生劳动素养状况调查,注重学生劳动观念、劳动能力、劳动精神、劳动习惯和品质等的监测。发挥监测结果的示范引导、反馈改进等功能。

四、学校劳动教育的规划与实施

(一)整体规划劳动教育

学校是劳动教育的实施主体,应根据国家相关规定,结合当地和本校实际情况,对劳动教育进行整体设计、系统规划,形成劳动教育总体实施方案。方案要明确劳动教育目标内容、课时安排、主要劳动实践活动安排、劳动教育过程组织与指导及考核评价办法等。同时要基于学生的年段特征、阶段性教育要求,研究制定"学校学年(或学期)劳动教育计划",对学年、学期劳动教育实践活动做出具体安排,特别是规划好劳动周等集中劳动,细化有关要求。使总体实施方案和学年(或学期)活动计划相互配套、衔接,形成可持续开展的劳动教育实施方案。

学校在劳动教育规划时要注意处理以下几个方面的关系:

1. 理论学习和实践锻炼的关系

理论学习和实践锻炼都是劳动教育的必要内容。理论学习重在让学生理解和掌握"劳动创造了人本身""劳动创造世界"等历史唯物主义基本理论主张以及劳动相关法律、法规、政策,作为行动的指南。实践锻炼重在将所学知识转化为真正有用的实际本领,形成良好的劳动习惯,弘扬劳动精神。规划劳动教育时,要两者兼顾,坚持以实践锻炼为主,切实保证每一个学生都有必要的劳动实践经历,不能只是口头上喊劳动、课堂上讲劳动。要通过学生实践前的计划构想、实践中的观察思考和实践后的反思交流,加深对有关思想理论、法规政策的理解,实现理论学习和实践锻炼的统一。

2. 劳动教育与其他教育活动的关系

在开足专门劳动教育必修课的同时,中小学劳动教育必修课实践环节中与综合实践活动的社会服务、设计制作、职业体验重叠部分,可整合实施。职业院校、普通高等学校劳动教育中学生生产劳动和服务性劳动可以通过专业实习、实训、创新创业等实践环节完成,日常生活劳动可以通过学生管理落实。

3. 劳动的传统形态与新形态的关系

将日常生活劳动教育贯穿大中小学始终。在安排生产劳动和服务性劳动项目时,中小学要以使用传统工具、传统工艺的劳动为主,引导学生体会劳动人民的艰辛与智慧,传承中华优秀传统文化,兼顾使用新知识、新技术、新工艺、新方法的劳动。职业院校、普通高等学校要注重结合产业新业态、劳动新形态,选择现代农业、工业、服务业项目,提升创造性劳动能力。

(二) 劳动教育的组织实施

1. 实施机构和人员

学校要建立健全劳动教育组织实施的工作机制。明确主管校领导,设置机构或明确相关部门负责劳动教育的规划设计、组织协调、资源整合、师资培训、过程管理、总结评价等。

要建立专兼职相结合的劳动教育教师队伍。根据学校劳动教育需要,明确劳动教育责任人,进行劳动教育规划、组织实施、评价等,配齐劳动教育必修课教师,保持教师队伍的相对稳定性。要充分发挥教职员工特别是班主任、辅导员、导师的作用,利用少先队、共青团、党组织以及学生社团等各方面的力量,合力开展劳动教育实践活动。充分利用家长及当地人力资源,聘请相关行业专业人士担任劳动实践指导教师。

2. 劳动安全风险防范与管理

学校要把劳动安全教育与管理作为组织实施的必要内容,强化劳动安全意识,建立健全安全教育与管理并重的劳动安全保障体系。

要依据学生身心发育情况,适度安排劳动强度、时长,切实关注劳动任务及场所设施的适宜性。科学评估劳动实践活动的安全风险,认真排查、清除学生劳动实践中的各种隐患。在场所设施选择、材料选用、工具设备和防护用品使用、活动流程等方面制定安全、科学操作规范,强化劳动过程每个岗位的管理,明确各方责任,防患于未然。制定劳动实践活动风险防控预案,完善应急与事故处理机制。要特别关注劳动过程中的卫生隐患,按照疾控、卫生健康部门及行业有关规定,采取相应措施,切实保护学生的身心健康。鼓励购买劳动教育相关保险。

3. 建立协同实施机制

中小学要推动建立以学校为主导、家庭为基础、社区为依托的协同实施机制,形成共育合力。学校要通过家长会、家长学校、社区宣讲、网络媒体等途径,引导家长树立正确的劳动观;明确家长的劳动教育责任,让家长主动指导和督促孩子完成家庭、社区劳动任务;学校要与相关社会实践基地共同开发并实施劳动教育课程。

职业院校、普通高等学校要建立学校负责规划设计,行业企业社会机构主要负责业务指导,双方共同管理的劳动教育实施机制。通过建立劳模工作室、技能大师工作室,设置荣誉教师、实务导师岗位等,多渠道引入社会力量参与学校劳动教育。要联合社会力量,共建共享稳定的劳动实践基地、校外实习实训基地、各类型创新创业孵化平台,多渠道拓展劳动实践场所。

五、劳动教育条件保障与专业支持

地方教育行政部门要切实加强对劳动教育工作的组织领导,明确机构和人员承担区域推进劳动教育的职责任务,切实加强条件保障、专业支持和督导评估,整体提高大中小学劳动教育质量和水平。

(一)条件建设

1. 丰富和拓展劳动实践场所

地方教育行政部门要统筹规划和配置劳动教育实践资源,满足学校多样化劳动实践需求。充分利用现有综合实践基地、青少年校外活动场所、职业院校和普通高等学校劳动实践场所,建立健全开放共享机制,特别是充分利用职业院校实训实习场所、设施设备,为普通中小学和普通高等学校提供所需要的服务。可安排一批土地、山林、草场等作为学农实践基地,确认一批厂矿企业作为学工实践基地,认定一批城乡社区、福利院、医院、博物馆、科技馆、图书馆等事业单位、社会机构、公共场所作为服务性劳动基地。推动学校充分利用校内学习、生活有关场所,逐步建好配齐劳动技术实践教室、实训基地,丰富劳动教育资源。

2. 加强师资队伍建设

要明确劳动课教师管理要求,保障劳动课教师在绩效考核、职称评聘、评先评优、专业发展等方面与其他专任教师享受同等待遇。推动中小学、职业院校与普通高等学校建立师资交流共享机制,发挥职业院校教师的专业优势,承担普通学校劳动教育教学任务。建立劳动课教师特聘制度,为学校聘请具有实践经验的社会专业技术人员、劳动模范等担任兼职教师创造条件。

高等学校要加强劳动教育师资培养,有条件的院校开设劳动教育相关专业。把劳动教育纳入教育行政干部、校长、教师、辅导员培训内容,开展全员培训,强化劳动意识、劳动观念,提升劳动教育的自觉性。对承担劳动教育课程的教师进行专项培训,提高劳动育人意识和专业化水平。

3. 健全经费投入机制

各地要统筹中央补助资金和自有财力,多种形式筹措资金,加快建设校内劳动教育场所和校外劳动教育实践基地,加强学校劳动教育设施建设,建立学校劳动教育器材、耗材补充机制。学校可按照规定统筹安排公用经费等资金开展劳动教育,可采取政府购买服务方式,吸引社会力量提供劳动教育服务。

(二)加强专业研究和指导

1. 加强劳动教育研究与指导

在全国教育科学规划、教育部人文社会科学研究项目中支持劳动教育研究。地方教育行政部门鼓励和支持相关机构设立劳动教育研究项目。设立一批试验区或试验学校,注重开展跟踪研究、行动研究。举办论坛讲座,营造良好学术氛围。

各级中小学教研机构要配备劳动教育教研员,组织开展专题教研、区域教研、网络教研,通过协同创新、校际联动、区域推进,提高劳动教育整体实施水平。鼓励高等学校依托有关专业机构开展劳动教育教学研究。

2. 组织开展劳动教育课程资源研发

基于劳动教育教学的实际需要,省级教育行政部门明确中小学劳动实践指导手册编写要求,体现"一纲多本",满足不同地区学校的多样化需求,负责组织审查。职业院校可组织编写劳动精神、劳模精神、工匠精神专题读本,由编写院校或委托专业机构进行审查。鼓励学校、学术团体、专业机构等收集整理反映劳动先进人物事迹和精神的影视资料,组织研发展示劳动过程、劳动安全要求的数字资源,梳理遴选来自教学一线的典型案例和鲜活经验,形成分学段、分专题的劳动教育课程资源包,促进优质资源的共享与使用。

(三)督导评估与激励

1. 加强对学校劳动教育实施情况的督查

把劳动教育纳入教育督导体系,完善督导办法。对地方各级人民政府和有关部门保障劳动教育情况进行督导。对学校劳动教育开课率、学生劳动实践组织的有序性,教学指导的针对性,保障措施的有效性等进行督查和指导。督导结果要向社会公开,作为衡量区域教育质量和水平的重要指标,作为对被督导部门和学校及其主要负责人考核奖惩的依据。

2. 建立健全劳动教育激励机制

在国家级、省级教学成果奖励中,将劳动教育教学成果纳入评奖范围,对优秀成果予以奖励。依托有关专业组织、教科研机构等开展劳动教育经验交流和成果展示活动,激发广大教师实践创新的潜能和动力。积极协调新闻媒体传播劳动光荣、创造伟大思想,大力宣传劳动教育先进学校、先进个人。

附录三

中共江苏省委江苏省人民政府
关于全面加强新时代大中小学劳动教育的实施意见
（2021年2月7日）

劳动教育是中国特色社会主义教育制度的重要内容。为贯彻落实《中共中央国务院关于全面加强新时代大中小学劳动教育的意见》精神，构建德智体美劳全面培养的教育体系，现就加强新时代大中小学劳动教育提出如下实施意见。

一、总体要求

以习近平新时代中国特色社会主义思想为指导，全面贯彻党的十九大和十九届二中、三中、四中、五中全会精神，深入落实习近平总书记对江苏工作的重要指示要求，全面贯彻党的教育方针，认真落实全国教育大会和全省教育大会精神，坚持把立德树人作为根本任务，坚持培育和践行社会主义核心价值观，坚持教育与生产劳动、社会实践相结合，坚持传承弘扬劳动精神、劳模精神、工匠精神，把劳动教育纳入人才培养全过程，贯通大中小学各学段，贯穿家庭、学校、社会各方面。主动适应贯彻新发展理念、构建新发展格局、推动高质量发展对提升人才培养质量的要求，积极探索具有中国特色、江苏特点的劳动教育新模式、新方法，增强劳动教育的实践性、时代性，健全劳动教育协同机制，促进学生树立正确的劳动观念、具有必备的劳动能力、培育积极的劳动精神、养成良好的劳动习惯和品质，发挥劳动的独特育人作用，促进学生全面发展、健康成长，为培养担当民族复兴大任的时代新人、建设"强富美高"新江苏、开启现代化建设新征程提供更有力支撑。

二、重点任务

（一）健全劳动教育协同落实机制

1. 强化党委政府的统筹责任。各级党委、政府要加强对劳动教育工作的统筹协调，相关部门各司其职、通力协作。教育部门负责指导大中小学开展劳动教育,宣传部门负责宣传典型经验、营造舆论氛围,发展改革部门负责在产教融合工作中推进劳动教育,科技、工业和信息化、自然资源、农业农村、文化和旅游等部门负责支持劳动教育资源建设,民政部门负责配合教育部门引导社会组织参与劳动教育,财政部门负责落实劳动教育相关经费,人力资源社会保障部门负责劳动教育教师队伍建设和技工院校劳动教育指导工作,工会、共青团、妇联等负责组织志愿服务、公益劳动等劳动教育活动。

2. 发挥家庭的基础作用。根据年龄段特点,引导孩子尽可能承担力所能及的家务劳动。鼓励孩子利用双休日或节假日参与劳动,确保中小学生每周家庭劳动时间不少于2小时,每年有针对性地学会1至2项生活技能。依托城乡社区教育机构、青少年宫、青少年活动中心、妇女儿童活动中心、家长学校、家风家教实践基地等,建立家庭劳动教育指导服务站点,通过多种形式引导家长掌握开展家庭劳动教育的方式方法。鼓励通过家庭、学校、社会合作开发家庭劳动教育清单等方式,落实家庭劳动教育基本责任。家长要通过日常生活的言传身教、潜移默化,教育引导孩子积极参与家务劳动,让孩子从小养成热爱劳动的习惯,在劳动中接受锻炼、磨炼意志、收获快乐。

3. 落实学校的主导作用。学校要切实承担劳动教育主体责任,明确实施机构和人员,统筹优化课程设置,开齐开足劳动教育课程。结合不同学段特点,积极整合传统劳动和新型劳动教育内容,科学设置课程体系,抓住关键环节,通过开设必修课程、学科(专业)渗透、课外校外实践、校园文化建设等途径实施劳动教育,充分发挥劳动教育的综合育人价值。组织实施好劳动周或劳动月。

(二)分段实施大中小学劳动教育

1. 小学。小学劳动教育课平均每周不少于1课时。小学低年级要围绕劳动意识的启蒙,以个人生活起居为主要内容,指导学生学会日常生活自理、参与班级集体劳动、开展简单手工制作,使学生懂得人人都要劳动,感知劳动乐趣,爱惜劳动成果。小学中高年级要围绕劳动习惯的养成,以校园劳动和家庭劳动为主要内容,指导学生参与家居清洁、校园保洁、社区环保、手工制作等劳动,学会和他人合作劳动,体会劳动光荣。

2. 中学。初中劳动教育课平均每周不少于1课时。普通高中不少于6个必修学分。初中阶段要围绕职业启蒙,以掌握基本生活技能、家政学习、社区服务、职业体验、适当的校内外生产劳动等为主要内容,使学生养成认真负责、勤劳俭朴的品质和职业意识,增强公共服务意识和担当精神。普通高中要围绕职业体验,以日常生活劳动、大型赛事服务、真实生产劳动体验、公益活动和志愿服务等为主要内容,提高创意物化能力,养成吃苦耐劳、精益求精的品质,增强职业规划的意识和能力,使学生理解劳动创造价值,具有劳动自立意识和主动服务他人、服务社会的情怀。

3. 职业院校。职业院校要将劳动教育融入专业课程体系,劳动专题教育必修课不少于16学时。围绕增强职业荣誉感和责任感,以日常生活劳动、校内外公益服务劳动、真实的生产劳动和服务性劳动为主要内容,结合专业特点,运用专业技能,依托实习实训,广泛开展职业技能大赛、创新创业大赛、"劳模工匠进校园"等活动,发挥劳模先进示范引领作用,培育精益求精、追求卓越的工匠精神和爱岗敬业的劳动态度,坚定"三百六十行、行行出状元"的职业信念和"劳动光荣、技能宝贵、创造伟大"的价值观。

4. 普通高等学校。普通高等学校重点结合学科专业开展劳动活动,要将劳动教育纳入专业人才培养方案,明确主要依托课程,其中本科阶段劳动专题教育必修课不少于32学时。围绕树立正确的择业就业创业观,以实习实训、专业服务、义务劳动、公益志愿活动、社会实践、勤工助学为主要内容,结合"三下乡""青年红色筑梦之旅"、行走课堂育人计划、大学生志愿服务西部计划以及参与应对重大疫情、灾害等活动,注重运用新知识、新技术、新工艺和新方法解决实际问题,促进学生积累劳动技能和职业经验,提升就业创业能力,培育勇担时代使命、勇于迎难而上的奋斗精神。

(三)统筹配置劳动教育资源

1. 丰富校内资源。进一步完善学校建设标准,逐步建好配齐劳动实践实训基地。中小学要进一步挖掘校内日常学习、生活等场所的劳动教育价值,充分利用劳技室、实验室、课程基地、综合实践基地等条件,丰富校内劳动教育资源。职业院校要充分利用校内实习实训基地、技能大师工作室、创新创业孵化平台等载体开展劳动教育,同时依托实习实训场所建立职业体验中心,为中小学生提供服务。普通高等学校要充分发挥学科专业优势和社会服务功能,利用工程训练中心、众创空间、创新实验室等平台,积极建设智慧型和创造性劳动实践基地。全省每年认定省级职业体验中心100个、省级创造性劳动实践基地30个。各级各类学校要将劳动教育根植于学生的日常校园活动,设置学生可以胜任的校内劳动岗位,增设勤工助学岗位,加大勤工俭学经费投入。

2. 拓展校外资源。充分利用现有校外综合实践实训基地、青少年校外活动场所、中小学研学教育实践基地、新时代文明实践中心、工匠学院、劳模创新工作室等,搭建丰富多彩的社会实践志愿服务和公益劳动平台,扩大校外劳动教育资源。鼓励有条件企业安排岗位接纳学生实习实训。鼓励支持规模以上企业、高新技术企业建设具有现代科技水平的劳动实践基地。支持各地结合文化传承、文旅融合、特色小镇、智慧农业、美丽乡村、文明实践等项目载体,以灵活多元的方式开展劳动实践,形成行业特点、地域特色。省、市两级每年认定一批学工、学农和服务性劳动实践基地。支持参与劳动教育实践基地建设的相关企业申报省产教融合型试点企业,符合条件的享受相应财政、金融、税收和用地等优惠政策。

3. 完善资源共建共享机制。建立以县为主统筹规划配置中小学劳动教育资源机制。落实中小学劳动教育和社会实践"百千万"工程。教育行政部门统筹建立不同专业特色高校劳动教育资源互补共享机制。依托"名师空中课堂"等教育信息化平台,建立"劳模工匠进校园"常态化工作机制,组织研发优质课程,充实劳动教学资源,促进线上线下、校内校外劳动教育信息共享和资源对接。

(四)加强劳动教育师资队伍建设

1. 配齐配足劳动教育教师。建立满足需求、专兼结合的劳动教育教师队伍和教研员队伍。建立劳动课教师特聘制度,鼓励聘请当地职业院校专业课教师、相关行业专业人士、劳动模范、企业师傅等担任劳动实践指导教师,设置荣誉教师岗、实践导师岗,多渠道配备兼职教师。充分发挥教职员工特别是班主任、辅导员的作用,动员少先队、共青团、党支部以及学生社团等力量,合力开展劳动教育实践活动。

2. 提高劳动教育专业化水平。研究制定不同学段劳动教育教师的岗位职责和专业标准。强化每一位教师参与劳动教育责任,增强意识、明确任务,与所教课程融合实施。支持高等学校特别是师范院校开展劳动教育教师培养培训,将劳动安全教育等纳入培养培训课程,建立20个左右省级劳动教育教师培养培训基地。实施劳动教育课程教师专项培训。将劳动教育纳入青年教师基本功大赛、教学大赛内容。探索建立德育、体育艺术、心理健康教师与劳动教育教师融合培养培训新机制。

3. 建立劳动教育教师激励机制。将劳动教育履职情况纳入教师职务评聘和教育教学考核内容。建立健全劳动教育专任教师工作考核体系,完善工作绩效评价标准、职称评定办法,保障劳动课教师在绩效考核、职称评聘、评优评先、专业发展等方面与其他专任教师享受同等待遇。开展劳动教育学科的教师职称评审,保障劳动教育教师专业发展和晋升权利。

(五)全面开展督导评价

1. 实施劳动教育督导制度。各级政府将劳动教育纳入教育督导体系,把劳动教育实施情况作为衡量区域教育质量和水平的重要指标,对学校劳动教育开课率、学生劳动实践组织的规范性、教学指导的针对性、保障措施的有效性等进行督查和指导。

2. 开展劳动教育监测和评价。制定劳动教育监测评价标准,支持各地建设数字化监测平台,开展过程监测与评价,定期发布学生劳动素养监测报告。探索实施劳动教育学分制,研究制定劳动教育学分认定、积累和转换相关办法。将劳动素养纳入学生综合素质评价体系,作为学生评优评先、毕业升学的重要参考或依据。

三、组织实施

（一）加强组织领导

各级党委、政府要把劳动教育摆上重要议事日程，因地制宜出台推进劳动教育的实施办法，明确实施劳动教育的机构和人员，统筹规划劳动教育的内容、途径、方式以及实践基地的建设与使用等。省级教育行政部门要督促指导各地规划和配置劳动教育实践资源，满足学校多样化劳动实践需要。市、县(市、区)教育行政部门每年至少向党委教育工作领导小组汇报一次劳动教育情况，研究解决劳动教育实施过程中的重大问题。

（二）健全投入机制

以县为主加大政府对中小学劳动教育经费投入的统筹力度，通过多种形式筹措资金，加强学校劳动教育设施标准化建设，健全器材、耗材补充机制。可采取政府购买服务方式，吸引社会力量提供劳动教育服务。高校要将劳动教育经费纳入年度预算。学校可按照规定统筹安排公用经费等资金开展劳动教育。

（三）注重安全管理

各地要建立政府负责、社会协同、有关部门共同参与的安全管控机制。各级各类学校要加强师生劳动安全教育，科学评估劳动实践活动的安全风险，及时排除劳动实践中的各种隐患。鼓励购买劳动教育相关保险。加强劳动教育安全技能培训，建立劳动实践场地安全应急制度，完善应急与事故处理机制，切实保护学生的身心健康。

（四）强化宣传引导

广泛深入宣传辛勤劳动、诚实劳动、创造性劳动的典型人物和事迹，弘扬劳动光荣、创造伟大的主旋律。创建一批劳动教育示范学校。加强劳动教育科学研究，及时总结推广各级各类学校劳动教育典型经验和优秀案例，将劳动教育教学成果纳入省级教学成果奖评选范围。组织开展劳动教育经验交流和成果展示活动，营造全社会关心支持劳动教育的浓厚氛围。

（此件公开发布）

中共江苏省委办公厅

2021年2月7日印发